●本书获国家社科基金重大项目"人工智能对制造业转型升级的影响与治理体系研究"(项目编号:23&ZD090)资助

工业互联网平台下的用户价值共创行为与影响因素

骆建彬　谢卫红　著

·广州·

图书在版编目（CIP）数据

工业互联网平台下的用户价值共创行为与影响因素/骆建彬，谢卫红著.—广州：华南理工大学出版社，2024.5
 ISBN 978-7-5623-7702-3

Ⅰ. ①工… Ⅱ. ①骆… ②谢… Ⅲ. ①工业企业管理-研究 Ⅳ. ①F406

中国国家版本馆 CIP 数据核字（2024）第 076994 号

Gongye Hulianwang Pingtai Xia De Yonghu Jiazhi Gongchuang Xingwei Yu Yingxiang Yinsu
工业互联网平台下的用户价值共创行为与影响因素
骆建彬　谢卫红　著

出 版 人：柯　宁
出版发行：华南理工大学出版社
（广州五山华南理工大学 17 号楼　邮编：510640）
http://hg.cb.scut.edu.cn　E-mail: scutc13@scut.edu.cn
营销部电话：020-87113487　87111048（传真）

策划编辑：王　磊
责任编辑：付爱萍
责任校对：梁樱雯
印　刷　者：广州市人杰彩印厂

开　　本：787mm×960mm　1/16　印张：12.25　字数：218 千
版　　次：2024 年 5 月第 1 版
印　　次：2024 年 5 月第 1 次印刷
定　　价：58.00 元

版权所有　盗版必究　印装差错　负责调换

前　言

中国是一个制造业大国，但还不是制造业强国。为应对日益激烈的市场竞争，企业借助数字平台提升竞争力已是大势所趋。工业互联网平台伴随新工业革命的浪潮而起，是传统制造业实现数字化转型、向高质量发展的重要载体。为抢占未来竞争制高点，各行业巨头加快布局工业互联网平台。本书以价值共创视角为出发点，探索工业互联网平台企业用户价值共创行为及其主要影响因素以及这种价值共创行为与绩效的关系等问题，进而为促进我国工业互联网平台发展提供理论参考。

全书分为七章，涉及工业互联网平台用户价值共创探索的意义与现状、影响因素分析和讨论、影响因素与用户价值共创关系分析、展望与建议这四个方面。意义与现状部分，介绍了工业互联网平台下的用户价值共创的意义与价值；影响因素分析和讨论部分，重点分析和讨论了企业用户参与工业互联网平台价值共创的影响因素；影响因素与用户价值共创关系分析部分，对各影响因素与企业用户价值共创之间的关系展开论证和分析；展望与建议部分，给出了工业互联网平台企业用户价值共创发展的趋势展望和具体的对策建议。

骆建彬对全书的框架结构进行了总体策划，并负责本书的撰写工作。谢卫红对本书各章节进行了审查、指导并负责定稿。

本书得出的结论主要有以下三个方面的创新点和贡献：①将技术接受理论模型的应用拓展到了工业互联网平台价值共创领域研究的新情境，并对模型中的关键因素进行了拓展和丰富；②引入了契约控制作为技术接受理论模型新的调节变量，进一步丰富了技术接受理论模型中关于调节作用的研究；③通过对工业互联网平台企业用户价值共创行为及其影响因素的探索和识别，丰富了价值共创理论领域的相关研究。

本书可为学者，物流、供应链管理等领域的从业者，政策制定者和决策者等提供参考。

目 录

第1章 绪论 ·· 1
 1.1 研究背景 ·· 1
  1.1.1 现实背景 ·· 2
  1.1.2 理论背景 ·· 5
 1.2 研究意义 ·· 7
  1.2.1 理论意义 ·· 8
  1.2.2 实践意义 ·· 9
 1.3 工业互联网平台及其价值共创相关研究 ···················· 10
  1.3.1 工业互联网平台的起源 ······························ 10
  1.3.2 工业互联网平台概念内涵 ···························· 13
  1.3.3 工业互联网平台研究现状 ···························· 16
  1.3.4 工业互联网平台价值共创相关研究 ···················· 17
 1.4 研究目的与研究内容 ······································ 18
  1.4.1 研究目的 ·· 18
  1.4.2 研究内容 ·· 18
 1.5 研究方法与技术路线 ······································ 19
  1.5.1 研究方法 ·· 19
  1.5.2 技术路线 ·· 20

第2章 文献研究与理论基础 ·································· 23
 2.1 价值共创研究 ·· 23
  2.1.1 价值共创概念 ·· 23
  2.1.2 价值共创研究现状 ···································· 26
  2.1.3 价值共创行为研究 ···································· 33
 2.2 绩效与共创价值 ·· 36
  2.2.1 绩效评价与衡量 ······································ 37
  2.2.2 价值共创结果与绩效 ·································· 38
  2.2.3 用户企业绩效衡量 ···································· 38

2.3 主要理论基础 ·· 41
　　2.3.1 技术接受模型理论 ··· 41
　　2.3.2 价值共创理论 ··· 43
2.4 文献述评 ·· 45

第3章 用户价值共创行为及其影响因素扎根识别 ························· 48
3.1 研究方法与数据收集 ··· 48
　　3.1.1 扎根方法的选择 ··· 48
　　3.1.2 扎根研究步骤 ··· 49
　　3.1.3 研究资料收集 ··· 50
3.2 数据分析 ·· 52
　　3.2.1 开放式编码 ·· 52
　　3.2.2 主轴式编码 ·· 58
　　3.2.3 选择式编码 ·· 60
　　3.2.4 理论饱和度检验 ··· 61
3.3 用户企业价值共创行为及其影响因素识别结果和阐释 ············ 61
　　3.3.1 用户企业价值共创行为 ·· 62
　　3.3.2 数字化模型及其主要影响因素阐释 ····························· 64

第4章 研究假设和模型构建 ··· 70
4.1 平台因素、社会因素、企业用户因素与价值共创意愿 ············ 70
　　4.1.1 感知数据保护技术有用性与价值共创意愿 ···················· 70
　　4.1.2 感知数字化模型易用性与价值共创意愿 ······················· 71
　　4.1.3 感知数字化模型有用性与价值共创意愿 ······················· 72
　　4.1.4 社会影响与价值共创意愿 ··· 73
　　4.1.5 高管支持与价值共创意愿 ··· 74
　　4.1.6 便利条件与价值共创意愿 ··· 75
4.2 平台因素、社会因素、企业用户因素与价值共创行为 ············ 76
　　4.2.1 感知数据保护技术有用性与价值共创行为 ···················· 76
　　4.2.2 感知数字化模型易用性与价值共创行为 ······················· 77
　　4.2.3 感知数字化模型有用性与价值共创行为 ······················· 77
　　4.2.4 社会影响与价值共创行为 ··· 78
　　4.2.5 高管支持与价值共创行为 ··· 78

4.2.6　便利条件与价值共创行为 ·· 79
4.3　契约控制的调节作用 ··· 79
　　4.3.1　契约控制对平台因素与价值共创意愿的调节 ·············· 80
　　4.3.2　契约控制对社会因素与价值共创意愿的调节 ·············· 81
　　4.3.3　契约控制对企业用户因素与价值共创意愿的调节 ······ 82
　　4.3.4　契约控制对价值共创意愿的影响 ·································· 83
4.4　价值共创意愿与价值共创行为 ··· 83
　　4.4.1　价值共创意愿与方案共同设计 ·· 83
　　4.4.2　价值共创意愿与数字能力共建 ·· 84
4.5　价值共创行为与企业绩效 ··· 85
　　4.5.1　方案共同设计行为与企业绩效 ·· 85
　　4.5.2　数字能力共建行为与企业绩效 ·· 86
4.6　理论模型构建 ··· 89

第5章　实证研究设计与前期数据分析 ·· 90
5.1　研究问卷设计 ··· 90
　　5.1.1　问卷设计的原则 ·· 90
　　5.1.2　问卷设计过程 ·· 91
5.2　变量测量 ··· 92
　　5.2.1　平台因素 ·· 92
　　5.2.2　社会因素 ·· 94
　　5.2.3　企业用户因素 ·· 95
　　5.2.4　用户价值共创行为 ·· 96
　　5.2.5　用户企业绩效 ·· 98
　　5.2.6　其他变量 ·· 99
　　5.2.7　控制变量 ·· 100
5.3　预调研 ··· 102
　　5.3.1　预调研样本收集 ·· 102
　　5.3.2　信度分析 ·· 102
　　5.3.3　探索性因子分析 ·· 105
5.4　数据收集 ··· 117
　　5.4.1　问卷发放原则 ·· 117
　　5.4.2　正式调研数据收集 ·· 118

5.5 数据分析 ·· 118
    5.5.1 描述性统计分析 ·· 118
    5.5.2 共同方法偏差检验 ··· 119
    5.5.3 信度和效度分析 ·· 120
    5.5.4 相关性分析 ··· 125
    5.5.5 多重共线性检验 ·· 126

第6章 假设检验与结果讨论 ··· 129
6.1 平台因素与价值共创意愿的研究假设检验 ···················· 129
6.2 社会因素、企业用户因素与价值共创意愿的研究假设检验 ··· 131
6.3 平台因素与价值共创行为的研究假设检验 ···················· 132
6.4 社会因素与价值共创行为的研究假设检验 ···················· 134
6.5 企业用户因素与价值共创行为的研究假设检验 ················ 135
6.6 契约控制作用的研究假设检验 ···································· 136
    6.6.1 契约控制的调节作用 ··· 136
    6.6.2 契约控制对价值共创意愿的影响 ······························ 142
6.7 价值共创意愿与价值共创行为的研究假设检验 ················ 143
6.8 价值共创行为与企业绩效的研究假设检验 ····················· 144
    6.8.1 方案共同设计与企业绩效 ······································ 144
    6.8.2 数字能力共建与企业绩效 ······································ 145
6.9 结果分析与讨论 ·· 147
    6.9.1 检验结果汇总 ··· 147
    6.9.2 研究结果分析 ··· 149

第7章 研究结论与展望 ·· 156
7.1 主要的研究结论 ·· 156
7.2 理论贡献与创新之处 ·· 158
7.3 管理实践启示 ··· 159
7.4 研究局限与未来展望 ·· 161

参考文献 ··· 163

附录1 访谈提纲 ·· 182

附录2 调查问卷 ·· 184

第1章 绪论

当前我国制造业正处于数字化转型升级向高质量发展的关键时期，工业互联网平台作为实现这一目标的重要抓手已成为各界关注的焦点。然而工业互联网平台在我国的发展及其研究总体还处于初级阶段，传统制造业企业以及供应链的上下游企业在与平台的价值共创互动中充满疑虑，价值共创面临挑战。本书围绕工业互联网平台企业用户价值共创行为及其影响因素展开研究，为我国工业互联网平台的发展和实践提出管理建议，以促进我国工业互联网平台的快速发展。在本章中，笔者将依次从研究背景、研究意义、工业互联网平台及其价值共创研究现状、主要研究目的和内容、研究方法、技术路线等方面逐一进行介绍。

1.1 研究背景

通过传统制造业的数字化转型升级促进高质量发展，已成为当前国内重要的话题之一。一方面，工业互联网平台的提出和发展正成为驱动制造业数字化转型升级的重要新引擎，引起了国家的高度重视。在2015年的《政府工作报告》中，李克强总理明确提出加快云计算、大数据等新一代信息技术与制造业的有机结合，并实施"互联网+"行动计划以促进工业互联网的发展；国务院、工业和信息化部（以下简称"工信部"）分别在2017年和2018年审议通过了《深化"互联网+先进制造业"发展工业互联网的指导意见》《工业互联网平台建设及推广指南》和《工业互联网平台评价方法》等文件，以促进国内工业互联网平台发展。此外，自2017年开始，行业协会组织——工业互联网联盟每年发布与工业互联网平台直接关联的白皮书，助力我国工业互联网平台的发展。

另一方面，虽然互联网思维与消费互联网的价值共创模式早已被引入工业界，也出现了供应链上的企业实行设备、产能共享等平台与工业用户共创价值的形式，但我国工业互联网平台的发展并未达到预期目标，企业用户在参与平台的价值共创时充满疑虑，效果并不理想，价值共创面临挑战（宋昶，2022）。正如部分学者所说，工业互联网平台的发展受到各界的高度重视，然而，自从工业互联网平台被提出和实施以来，基于工业互联网平台的价值共创的成功案例并不多见，这样一个较新的领域仍需研究者给予极大的关注（马永开、李仕明、潘景铭，2020）。在数字经济时代，传统制造业企业和制造业供应链等数字化转型势在必行，工业互联网平台的提出为传统制造业数字化转型指明了方向。工业互联网平台已成为传统制造业数字化转型和实现高质量发展的重要抓手，是为传统制造业向智能化转型赋能的重要基础设施。为加快工业互联网平台发展，必须深入了解企业用户参与工业互联网平台价值共创的互动行为及其影响因素，这也成为当下学者们关注的焦点问题之一。

1.1.1 现实背景

把握和明确工业互联网平台深入发展的现实背景是使研究者有的放矢的重要保证。本书基于已有的相关研究，从以下三个方面对现实背景进行阐述。

（1）工业互联网平台已成为制造业实现数字化转型向高质量发展的重要载体，企业迫切需要借助工业互联网平台的赋能实现数字化转型升级已成各界共识。

2008年金融危机后，全球主要制造业强国纷纷表达了"回归制造业"，尤其是实现传统制造业供应链数字化转型的强烈意愿。然而，我国作为一个制造业大国却面临着制造业规模庞大但竞争力不强的尴尬现实。面对国内外激烈的竞争，供应链上各企业迫切希望借助工业互联网平台实现传统制造业的数字化转型。这一转型可以通过工业互联网平台巨大的推动力来实现，使企业更好地适应数字时代的市场需求。这种数字化转型不仅对传统制造业企业的升级转型有着巨大的影响，而且对整个制造业供应链的数字化转型升级和高质量发展具有极其重要的意义。工业互联网平台整合了新一代信息技术，打通了设计、制造、物流、消费和服务等所有工业环节，能够实现工业领域全要素生产的广泛连接（唐国锋、李丹，2020）。基于工业互联网平台，企业可以实现制造与资源的协同、上下游企业的协同，同时将制造与服务相结合，从而实现制造业领域的共创和共享。

加快工业互联网平台对传统制造业企业和制造业供应链的数字化转型的

助力,已经成为政府、产业界、学术界、研究机构和企业用户的共识(工业互联网产业联盟,2017)。学术界越来越多的研究项目、科研期刊和学术会议都聚焦于工业互联网平台,学者们试图从不同的理论角度探索工业互联网平台对传统制造业的影响(M. Hermann, T. Pentek and B. Otto, 2016)。在实业界,众多企业纷纷利用自身优势加快了工业互联网平台的布局,特别是一些行业巨头,如海尔集团、徐州工程机械集团等制造业领军企业,它们基于各自的优势建设了自己的工业互联网平台(Li J Q, Yu F R, Deng G Q, et al., 2017),目前出现了一批优秀的平台,如海尔集团的COSMOPlat,江苏徐工信息技术股份有限公司的Xrea、INDICS,等等。总体而言,业内已就推动我国工业互联网平台的发展,促进传统制造业企业和制造业供应链的数字化转型和升级,实现我国制造业的高质量发展,形成了广泛的共识。

(2)企业用户在参与工业互联网平台价值共创时存在顾虑,致使工业互联网平台难以快速形成"规模经济",其发展未能达到人们的预期目标。

进入新时代,平台经济的迅速崛起,使各类共享平台在社会经济中扮演着越来越重要的角色。消费互联网平台在互联网发展的上半场成为各界关注的焦点,并迅速发展壮大,出现了京东、腾讯、淘宝等知名的巨型消费互联网平台龙头企业。当前互联网技术的发展已进入下半场,"互联网+工业"成为大势所趋,作为工业互联网核心的工业互联网平台对传统制造业的重要影响已引起各界重视。

与消费互联网平台相比,工业互联网平台在技术门槛、应用场景的复杂程度以及竞争格局和商业模式等方面都有着较大不同(李燕,2019)。如工业互联网平台服务的企业用户之间行业知识差异巨大,这给开发和提供针对业务场景的数字化模型的供应商带来了巨大挑战(马永开、李仕明、潘景铭,2020)。根据价值共创理论,用户已经成为价值共创的核心,其"价值"二字指的是用户的价值,成功的价值共创是实现用户的个性化需求。而对企业用户来说,使用和参与工业互联网平台的价值共创属于重资产投入,其对参与工业互联网平台价值共创能否实现其自身价值还存有疑虑。另外,数据安全和隐私问题是工业互联网平台价值共创面临的重要挑战之一。工业互联网平台实现的是智能设备、平台、人的互联,其关注的焦点是打破"信息孤岛",实现低生产成本和高生产效率的服务化运营,并非仅侧重于撮合交易,而是同时侧重于工业领域的全要素链接。就其本质而言,工业互联网平台实现的是"数据+数字化模型=服务"的循环服务生态（安筱鹏，2018）。在数字经济时代，数据已成为企业的重要战略资产，工业互联网平台能否确保其数据安全也成为企业用户最为关注的焦点之一，它同时也是制约平台发展和企业用户参与价值共创的积极性的重要因素之一。虽说工业互联网平台有其特殊性，但它与消费互联网平台也有着诸多共同之处，都遵循平台经济的一般规律，即要实现工业互联网平台的生态化演进就需要大量的企业用户使用平台，并积极地参与价值共创以突破网络效应的引爆点，形成正向网络效应。当前，尽管不少龙头企业已经搭建工业互联网平台，且政府出台了各项积极政策来引导和激励企业上平台、用系统，然而，我国工业互联网平台并没有如消费互联网平台那般在短时间内迅速形成规模经济，发展未能达到预期（肖琳琳、余婧、夏宜君等，2019）。

（3）企业用户参与工业互联网平台价值共创以实现其数字化转型已成为平台企业亟待思考的现实问题。

从企业用户角度而言，借助工业互联网平台实现数字化转型以促进企业以及整个供应链的数字化转型升级，向高质量发展、突破发展瓶颈、提升数字创新能力是其在数字时代的重要机遇（李燕，2019）。工业互联网平台的出现为企业用户提供了一个广阔的资源获取平台，使得企业用户能够通过参与平台的互动，利用平台或第三方服务提供商所提供的数字技术等资源来提升企业自身的各项业务能力和反馈速度，进而实现更优的价值创造（许宪春、任雪、常子豪，2019）。从平台企业角度而言，用户参与价值共创对于工业互联网平台的成功至关重要。然而，要实现用户持续参与共创，增强用户黏性和忠诚度，平台企业必须帮助企业用户解决痛点，并协助其实现所期待的价值创造。为此，平台企业需要清晰地了解企业用户应通过怎样的互动行为实现价值创造。然而，根据2021年某权威机构对上千个企业用户进行的调研，研究者发现大多数企业用户在参与工业互联网平台的互动方面仍处于初级水平，并且这种互动形式带有明显的消费互联网平台思维（何小龙、李君、周勇等，2021）。这种现象阻碍了工业互联网平台的深入发展。

此外，尽管工业互联网平台与消费互联网平台都属于平台经济的范畴，具有共通的平台属性，但有学者认为，一方面，这并不表示消费互联网平台领域的价值共创互动形式的研究成果就能直接应用于工业互联网平台领域；另一方面，当前国内制造业中的相当一部分企业用户为中小企业，它们普遍存在自动化程度较低、设备连接能力不足等问题（王一晨，2019），工业互联网平台面临着与消费互联网平台不同的挑战和机遇。因此，在价值共创理论的基础上，平台企业需要深入了解企业用户的痛点和期望，探索工业互联网平台情境下企业用户的有效互动行为，是帮助这些中小企业抓住工业互联网平台这一高质量发展"助力器"的关键，也是工业互联网平台企业在发展过程中亟待思考和解决的问题。

1.1.2 理论背景

本书的研究理论背景主要有以下几个方面：

（1）工业互联网平台对传统制造业领域的价值创造模式产生了重大影响并引发了新的理论问题。

产品主导逻辑认为，企业的价值创造来源于生产制造和服务提供等环节，消费者通过使用自己购买的产品或享受企业提供的服务消耗了价值。随着价值共创概念的提出，学者们开始注意到，价值是由企业和用户共同创造的。Prahalad 等人在其研究中指出，价值由企业与用户共同创造，他们对价值共创下了明确定义且进一步指出，用户体验是价值产生的基础，如经济价值、享乐价值与社会价值等，用户和企业互动是价值共创的核心（Prahalad C K R E，2013）。随着商品与服务间的界限越发模糊，Vargo 等人从经济发展角度出发，提出服务主导逻辑，提出价值是由用户决定和共同创造的，用户聚焦的共创价值是其使用价值的共创（Vargo S L，Lusch R F，2008）。这种价值共创模式使人们开始具有了平等、开放和互动共享的互联网思维。这种思维也给传统制造业的价值共创模式带来了启蒙式的影响。随着大数据、云计算、区块链等新一代数字技术的发展和兴起，人们将消费互联网平台价值共创模式引入工业领域，形成"互联网＋工业"思维，出现了诸如共享生产设备、共享产能等与工业互联网平台企业用户共同进行价值创造的生产制造模式。

工业互联网平台的核心是基于强大的数字技术和数字化模型，实现整个供应链的深层次的数据连接、共享，以完全打通信息孤岛。而当前国内工业制造领域的细分行业普遍存在业务场景差异大、设备异构现象严重及应用差异大等问题，导致消费互联网领域价值共创研究的理论成果难以完全解释工业互联网领域的现象。从终端互联成本角度来说，平板、智能手机等移动终端的普及化，使得消费端的连接成本不会影响到使用决策。而工业互联网平台需要实现制造业生产全过程（甚至包括产品）的数字化互联互通，且该互联成本具有行业差异（在同一个行业中，不同企业的数字化发展水平不同，也会导致这种成本的差异），这都要求企业投入较大的成本。因此，价值共创理论如何应用在工业互联网平台领域成为学术界面临的一个较新的理论问题，虽然有一些学者开展了初步探索，但依然难以凸显工业互联网平台的特性。

（2）对影响企业用户工业互联网平台价值共创行为的因素有待开展深入、系统的探讨。

尽管工业互联网平台的重要性受到政府和业界的高度重视，但我国工业互联网平台的推广和发展仍未实现预期目标（郑勇华、孙延明、朱建华，2020）。全面揭示影响企业用户应用和参与工业互联网平台互动的主要因素是工业互联网平台企业实现向平台生态系统演进的重要理论指导。有学者在探索促进工业互联网平台的应用和发展的研究中提出，企业必须引进信息技术专家、高技术工人以及复合型工业互联网人才以适应工业互联网平台发展的需要（Waibel M W，Steenkamp L P，Moloko N，et al.，2017）。还有学者强调了工业数据安全和网络病毒入侵等问题给工业互联网平台发展所带来的挑战（Hofmann E，Rüsch M，2017）。也有学者认为，政府在工业互联网平台的发展过程中应该发挥积极的引导作用（乌尔里希·森德勒，2014）。应该说，相关研究已经关注到企业应用工业互联网平台时需要在人员、技术、组织等方面进行综合思考。而已有的研究多半聚焦于工业互联网平台本身，鲜有研究立足于企业用户这一重要视角。

当前，本就不多的关于影响工业互联网平台发展的因素的研究多从工业互联网平台企业本身的角度出发，整合平台自有的资源或可获得的外部支持进行理论归纳和分析（王君泽、宋小炯、杜洪涛，2020）。一些学者的研究在范式上缺乏系统性思维，尚未建立各影响因素的整体性探究，也缺乏对各影响因素之间相互关系的挖掘。另外，不同于消费互联网平台，工业互联网平台价值共创具有更高的参与门槛，这使企业用户在参与工业互联网平台价值共创时不得不权衡各种复杂的和不确定的情况。为更好地剖析企业用户基于哪些因素而具有参与工业互联网平台价值共创意愿的问题，迫切需要以更具系统性的思维展开探索。

（3）工业互联网平台企业用户的价值共创行为亟待基于理论视角进行深

入分析。

在相关研究中，从总体来看，学者将价值共创研究归纳为价值共创的结构、过程、参与者角色、影响因素以及行为研究等五个主题，并认为价值共创行为研究是其他四个主题研究的深化，且是价值共创量化研究的核心主题（涂科，2019）。已有的价值共创行为的量化研究大多围绕"顾—企"或消费互联网平台领域，且基于平台视角开展的居多。不同的学者基于不同的研究视角对用户价值共创行为所进行的维度划分也各有差异，如迟铭等将用户价值共创行为分为二维度；贾薇、Hau、何彪等人将用户价值共创行为分为三维度；也有学者提出价值共创行为的四维度或五维度，甚至更多。然而，在不同的维度中，学者们普遍认为用户的价值共创行为应该包括信息共享、责任行为、人际互动、资源共享、倡导、反馈、知识贡献等维度。考虑到工业互联网平台的特殊性，相关的研究成果能否直接用于工业互联网平台领域的价值共创相关研究则有待商榷。

综上所述，无论是从实践还是理论上来说，深入研究工业互联网平台用户价值共创行为等相关科学问题具有必要性、迫切性。基于对已有研究的分析和研究，笔者在本书中尝试厘清工业互联网平台用户价值共创行为、工业互联网平台等概念的内涵，基于相关指导理论，对多家企业进行实地调研，运用扎根研究的方法对工业互联网平台用户价值共创行为及其影响因素进行识别和探索，并进一步就用户参与工业互联网平台价值共创行为的内在逻辑，以及价值共创行为对绩效的影响展开深入研究。通过此次研究，笔者希望能够在理论上丰富和拓展现有的技术接受模型理论、价值共创理论的相关研究，同时在实践上为工业互联网平台的发展提供理论借鉴，为相关领域的研究者和相关行业的实践者提供一定的参考和指导。

1.2 研究意义

数字经济时代，工业互联网平台使传统制造业企业和传统制造业供应链迎来了新的机遇，它为传统制造业和传统制造业供应链实现可持续的高质量发展提供了新的动力。可以说，本书中所设计的研究对促进我国工业互联网平台的发展具有一定的理论和实践意义。

1.2.1 理论意义

本书在厘清工业互联网平台企业用户价值共创行为以及识别其影响因素、拓展价值共创和技术接受理论等研究领域具有一定的理论意义。

第一，工业互联网平台在互联网技术发展的下半场具有重要意义。一方面，工业互联网平台研究的成果尚不丰富，相关研究总体来说还处于初级阶段。另一方面，技术接受模型理论的应用研究虽然成果相对丰富，多个领域的学者也都应用该理论模型围绕行为或影响因素展开了研究，但笔者梳理文献后发现，鲜有学者将技术接受模型理论应用到工业互联网平台领域的研究中。本书以工业互联网平台的企业用户为研究对象，对企业用户接受并参与工业互联网平台价值共创的行为等问题展开研究，这样可以丰富和扩展技术接受理论的研究对象和领域，具有一定理论意义。

第二，在本书中，笔者采用了混合研究方法，运用质性研究方法对工业互联网平台企业用户价值共创行为及其影响因素展开探索和识别。通过对多家工业互联网平台企业、用户企业进行深入调研、资料收集以及资料编码分析，提炼和总结出我国当前情境下工业互联网平台企业用户价值共创行为及其影响因素，深入解析企业用户参与工业互联网平台价值共创的内在逻辑，并基于此进一步构建工业互联网平台企业用户价值共创行为影响因素研究模型。为实现定量研究和质性研究的互相结合与印证，笔者再以调查问卷方式开展实证研究，以进一步探求工业互联网平台企业用户价值共创行为的影响因素与价值共创行为间的关系。笔者认为，运用混合研究方法，可以进一步扩展和丰富针对工业互联网平台技术接受理论的研究方法，相较于传统研究方法路径而言有所突破，可以为相关研究提供方法借鉴。

第三，本书构建了工业互联网平台企业用户价值共创行为影响研究的理论模型，从理论上阐释了企业用户为什么会接受工业互联网平台以及以何种互动形式参与价值共创。一方面，笔者将技术接受理论模型应用于工业互联网平台研究领域，引入了感知数据保护技术有用性、高管支持、社会影响等影响因素，并提出了契约控制在企业用户使用和参与工业互联网平台价值共创的影响因素和意愿之间的调节作用；揭示了企业用户接受并参与工业互联网平台价值共创的内在运作机制，对技术接受理论模型进行了有效拓展。另一方面，笔者提出了工业互联网平台企业用户价值共创行为的两个维度，即数字能力共建和方案共同设计，进一步丰富了价值共创领域的相关研究，同时为进一步深入工业互联网平台领域的价值共创相关研究提供了理论参考。

1.2.2 实践意义

本书的研究以工业互联网平台企业用户为对象，探讨了企业用户使用和参与工业互联网平台价值共创的行为及其影响因素，对我国工业互联网平台企业的运营和管理以及工业互联网平台的发展具有一定的实践意义，具体如下：

（1）本书的研究能够帮助工业互联网平台企业明确企业用户在数字时代参与工业互联网平台价值共创的主要行为方式。本书对工业互联网平台企业用户价值共创行为的研究有利于工业互联网平台企业或第三方服务提供商明确企业用户在共创价值互动中重点关注的内容，在明确企业用户主要共创行为的基础之上，使工业互联网平台企业或第三方服务提供商能够有针对性地强化自身的各项管理和服务能力，从而更好地助力企业用户强化市场竞争，实现组织目标，最终实现双赢。

（2）本书的研究能够帮助相关行政部门和工业互联网平台企业系统性地了解企业用户使用和参与价值共创的主要影响因素，为它们制定相应的政策及进行决策实践提供参考。当前工业互联网平台发展未能达到社会预期目标，本书基于已有的研究和实地的企业调研，凝练出了"工业互联网平台企业用户价值共创行为及其影响因素"这一科学问题。对这一问题的分析和研究的结果有助于相关行政部门和工业互联网平台企业较为全面地了解企业用户价值共创行为的影响因素，并立足于企业用户的需求，不断完善相关服务和政策，以确保工业互联网平台的快速发展并促进传统制造业供应链的数字化转型升级。

（3）本书的研究有助于企业用户的高层管理者加深对工业互联网平台的认识，有利于促进企业用户做出使用工业互联网平台的决策。从企业用户角度来说，惯性思维在其接受新型技术方面存在一定的阻碍作用，尤其是涉及企业战略的决策。本书对多家企业进行实地调研，并以此为基础，从理论层面对工业互联网平台给企业用户带来的绩效提升进行系统的论述，并通过企业用户的问卷数据加以验证。这种理论和实践相结合的方式系统性地展示了工业互联网平台对于企业用户的强大赋能作用，能够在一定程度上强化企业用户对工业互联网平台提升其组织绩效的信心，从而有利于增强企业用户参与工业互联网平台价值共创的积极性，进而促进企业用户使用工业互联网平台的意愿，助力我国工业互联网平台的快速发展。

1.3 工业互联网平台及其价值共创相关研究

1.3.1 工业互联网平台的起源

2019 年的《政府工作报告》提出，要打造工业互联网平台，拓展"智能+"，为制造业转型升级赋能。那么，工业互联网平台究竟是什么？其为何频频出现在政府工作会议和各大媒体的报道中？就如何理解什么是工业互联网平台，赛迪工业互联网首席研究员袁晓庆认为，可以从以下五个视角进行全面解读。

第一，从两化融合视角看，工业互联网是当前两化融合工作的重中之重。两化融合是信息化和工业化两个历史进程的交汇点，是信息技术在制造业领域的应用不断深化的过程，是实现生产方式、生产关系、生产力不断变革的路径。近年来，两化融合的重心逐渐向工业互联网靠拢，两化融合也正在向"从点到线、从线到面"不断演进，两化融合的深度和广度在不断拓展。目前工信部主要围绕"建平台""用平台""测平台"协同推进的一条主线，打造跨行业、跨领域的工业互联网平台及企业级工业互联网平台，建设基础共性、行业通用、企业专用的三类工业 App，开展跨行业跨领域、面向特定行业、面向特定区域、面向特定工业场景的四类平台测试验证，建设标准管理、平台基础及创新技术服务、监测分析、大数据管理服务及质量管理服务这五大公共服务体系，推动十大工业设备上云。

第二，从操作系统视角看，工业互联网平台的面世本质上是操作系统的第三次革命。工业互联网平台本质上是一个工业操作系统，其功能类似微软的 Windows、谷歌的安卓系统或者苹果的 iOS 系统。工业互联网平台扭转软件开发的"二八原则"，使开发者可以将 80% 的精力用到创新上，仅将 20% 的精力放在重复性的工作上。工业互联网平台的本质就是将工业的基础经验、原理变成微服务组件并提供给使用者，帮助使用者提升效率。当前中国制造业体量在世界制造业所占的份额超过 20%，但中国工业软件的市场份额仅占世界的 3.5%，我国 90% 以上的 CAD、CAE、MES、PLM 高端工业软件市场被 SAP、西门子、达索、PTC 等国外厂商垄断，亟须大力发展新型工业 App，通过"化整为零",实现我国工业软件的"换道超车"。工业互联网平台已经成为我国工业软件"换道超车"的重要载体。

第三,从工业云视角看,工业互联网平台是工业云 2.0。工业互联网平台是边缘云、私有云、公有云协同的一个平台体系,从工业云到工业互联网平台标志着一个新物种的诞生。

第四,从平台视角看,工业互联网平台正成为平台经济最活跃的新业态。2019 年 7 月,国务院常务会议指出,互联网平台经济是生产力新的组织方式,是经济发展新动能,对优化资源配置、促进跨界融通发展和"双创"、推动产业升级、拓展消费市场尤其是增加就业岗位,都有重要作用。若要发展平台经济新业态,则需要适应产业升级,加快工业互联网平台建设及应用,推进制造资源、数据等集成共享,发展智能制造和服务型制造。

第五,从解决方案视角看,工业互联网平台解决方案是落地关键。当前工业互联网平台产业链图谱的完善既需要大而强的龙头企业,也需要基于块状经济特征打造的小而美的能提供解决方案的企业,只有企业联合才能打造工业互联网平台的生态,才能真正推动工业的转型升级。

虽然工业互联网是一个新兴的概念,但它并不是无章可循。工业互联网平台概念的提出基于新一代信息技术的崛起,包括云计算、大数据以及物联网等。工业互联网平台是平台经济理论在工业领域的创新应用,它将给制造、航空、医疗保健等传统产业带来深刻的变革(Evans P C,Annunziata M,2012)。在学界,越来越多的科研项目、学术文章和会议都集中在该主题上(Hermann M,Pentek T,Otto B,2016)。虽然工业互联网是近几年提出的概念,但它与物联网和工业物联网等概念紧密相关(Sisinni E,Saifullah A,Han S,et al.,2018)。物联网通过将 RFID 阅读器连接到网络,自动地实时识别和跟踪带有标签的对象(Ashton K,2009)。RFID 技术是物联网的基础技术,其定义也随着新技术的出现与发展而不断更新(Ben-Daya M,Hassini E,Bahroun Z,2017)。工业物联网是物联网技术在工业领域的应用,强调将相互独立的工厂、车间、机器进行集成和互连,提供更高效的生产和新服务(Xu L D,He W,Li S,2014)。工业互联网是物联网、机器、计算机和人员的互联网络,它使用先进的数据分析功能实现智能的工业运营,以实现变革性的业务成果(Bartlett D,2016)。当前工业互联网还没有形成统一的概念内涵。需要强调的是,虽然物联网和工业物联网是紧密相关的概念,但不能互换使用。物联网(IoT)、工业物联网(IIoT)、工业互联网(II)的核心概念、主要架构、重要技术和主要应用领域，具体对比信息如表1-1所示。

表1-1 IOT、IIOT、II概况对比

名称	核心概念	主要架构	重要技术	常见应用领域
IoT	无线通信技术（Ashton，1999）； 基于标准通信协议的世界范围内互连对象的唯一寻址网络（Luigi Atzori，2010）； 无线的和自配置的使物与物之间相连的无线网络（Aleisa N，2017）； 将一切都与互联网、数据组织和信息交换联系起来的智能互联网（Hassan R，2018）； 连接各种事物的网络系统（宋阳等，2020）； 由通信软件连接的大量设备组成的无需人干预的系统，可以监测、收集、交换、分析并立即对信息采取行动，从而智能地改变它们的行为或环境（RTI FAQ，2015）	硬件/网络层、软件层、处理层（Whitmore A，2015）； 传感器，连接和网络层、网关和网络层、管理服务层、应用层（Bhuvaneswari A，2017）； 物联网网关/框架层、基于云服务的中间层、流处理层、用户界面（Hassan R，2020）	RFID NFC M2M 传感器网络 车间通信	智能化基础设施、医疗、供应链、物流、环保、智慧城市
IIoT	一组基础设施、互连对象，并允许对其进行管理、数据挖掘和对其生成的数据进行访问（Dorsemaine B，2016）； 包括联网的智能对象、物理资产、关联的通用信息技术以及云或边缘计算平台的系统（Boyes H，2018）； 利用相关技术连接设备，收集数据，挖掘信息，提高制造效率，提高产品质量，降低成本和资源消耗，最终实现传统产业向智能化产业升级的系统（Huo，Yan等，2020）； 由智能和高度连接的工业组件组成的网络（AWZK，BMHR，2020）	基础设施层、平台层、软件服务层（Huo，Yan，2020）； 工业物联网设备和工业数据源层、边缘系统层、云平台层、企业应用层（AWZK，2020）	物联网 云计算 大数据分析 人工智能 增强现实 M2M CPS	制造业、物流、交通运输业、能源、电力业

续表

名称	核心概念	主要架构	重要技术	常见应用领域
II	包括工业机器传感器和执行器与本地处理和互联网的连接（Floyer D，2013）； 通过先进的技术和软件来建立的具备自我改善功能的智能工业网络（Evans P，2013）； CPS 的应用（Drath R，2014）； 物联网工业应用的简写，也被称为工业物联网（World Economic Forum，2015）； 一种物品、机器、计算机和人的互联网（IIC，2015）； 将发动机、电网和传感器等工业资产通过网络连接到云上的系统（Helmiö P，2018）	智能连接层，数据到信息转换层、网络层、认知层、配置层（J. Lee，2015）； 用户层、边缘层、平台层（IIC，2018）； 基础设施层、平台层、应用层（李君 等，2019）； 接入层、云基础设施层、工业云平台层、工业应用层（王一晨，2019）	网络技术 智能传感 云计算 大数据 智能控制	装备行业、原材料行业、制造业、能源

资料来源：笔者整理。

工业互联网平台概念的提出无疑给传统制造业的价值创造提供了新的思路。这既是互联网技术发展的必然，也是数字经济时代必须处理好的理论问题。在当前复杂的国际经济环境下，如何通过工业互联网平台使制造业再次焕发强大的价值创造力已成为国内各界关注的热点和重大议题之一。近年来，学术界积极进行实践探索和理论研究，从技术架构、应用管理、安全保障等层面展开了广泛讨论。

1.3.2 工业互联网平台概念内涵

可以说，工业互联网平台的本质是一种工业云平台，具有实现制造资源的泛在连接弹性供给和高效配置的功能，是一种为满足数字化和智能化需求所构建的基于海量数据的采集和分析服务体系（游根节，2018）。2012 年美国通用公司首先提出工业互联网的概念，引领美国工业体系开展互联互通研究，以期实现制造领域的快速发展。2013 年德国政府提出"工业4.0"战略，

2015年启动升级版"工业4.0平台"建设。与此同时，在2015年前后，我国一些探索互联网与数字化的先驱企业也陆续投入到工业互联网平台的建设中。目前国际主流的工业互联网平台分为中、美、欧三类，典型代表为中国的海尔COSMOPlat，美国的通用电器Predix以及欧洲的西门子MindSphere，三大类型各有特点。MindSphere平台致力于搭建一个开放的物联网生态系统，将重心聚焦在数据的采集、通信和分析上，突出特点表现在由底层向上构建，即通过向上搭建云生态系统进行建设。MindSphere提供开放的环境供开发者工作，让他们可以在MindSphere上开发自己的App从而支持各类工业场景。Predix围绕软件的开发、应用和配置，致力于打造一个可以满足其分析、运营和广域控制等需求的泛在平台。和MindSphere相同，Predix也是一个完全开放的系统，参与者在Predix平台上研发和交易各种专业软件。由此可见，以欧美为代表的工业互联网平台注重数据及软件的开发和利用，并通过平台将数据与软件进行分享与推广，从而实现企业的降本增效。

自从工业互联网平台的重要性越来越被人们所熟知，在学界，工业互联网平台被提及的次数越来越多，这也从侧面说明工业互联网平台引起了相关领域学者的极大关注。针对工业互联网平台的概念内涵，学者们基于不同的研究视角对工业互联网平台做出了相应的界定。Wollschlaeger等人从技术视角提出工业互联网平台是制造领域的云操作系统，用户基于该系统实现内部运营效率的提升（Wollschlaeger M S T J J, 2017）；权锡鉴、Mayer以及李广乾等学者从平台视角分别对工业互联网平台内涵进行了界定。虽然他们的表述不一，但总体上都认为，工业互联网平台是针对制造资源数字化和数字制造资源的普遍连接的平台，其通过大数据、云计算等新一代信息技术的数据挖掘和分析，优化资源重组与调配，帮助企业用户实现个性化、网络化和智能化的发展需求，是一个智能操作系统平台。其他学者如Wang等从生态系统视角给出定义，他们将工业互联网平台视为虚拟集成系统的制造业生态（Wang J, Xu C, Zhang J, et al., 2020）。GE将其工业互联网平台Predix称为"制造业云操作系统"；根据王玮等人的研究，工业互联网平台是一种基于大量数据采集、整合和分析的工业云平台，其目的是支持制造资源的广泛连接、弹性供应和高效配置（王玮、杜书升、曹溪，2019）。总体而言，学者们基于不同视角试着从不同角度对其进行界定，具体如表1-2所示。

表1-2 工业互联网平台概念内涵

概念	视角	内涵/提出背景	代表性学者
工业互联网平台	技术	融合信息化制造、云计算、物联网技术的云制造服务模式	Li 等,2010
		制造业云操作系统	Wollschlaeger 等,2017
	平台	工业云平台的支撑功能是基于对海量数据的采集、汇聚和分析。通过这个服务体系,平台能够实现制造资源的泛在连接、弹性供给和高效配置	李广乾,2016
		针对制造资源数字化和数字制造资源的普遍连接的平台	权锡鉴等,2020
		一种服务平台,旨在满足制造业的个性化、网络化和智能化发展需求,采用开放式、数据化和专业性的设计原则	Mayer 等,2017
		工业要素资源重组与调配的资源配置平台和提供生产智能化服务的资产优化平台	王峰,2017
	生态系统	一种新兴的制造业生态系统,企业研发设计、生产、销售等数字信息被迁移至云数据中心	王玮等,2019
		工业互联网依托于平台的网络虚拟集聚形成的生态	王如玉等,2018
		通过构建一个集成系统,进而成为一种新兴制造业生态系统	Wang 等,2020
	综合	基于云制造平台,使"互联网+"与制造业完美结合,促进制造业服务化、数字化发展,进而实现工业互联网价值	谢卫红等,2021
		面向制造业数字化、网络化、智能化需求,构建基于云平台的海量数据采集、汇聚、分析服务体系,支撑制造资源泛在连接、弹性供给、高效配置	国家工信部,2018

资料来源:笔者整理。

通过上述分析可知,就本质而言,工业互联网平台是实现"数据+数字化模型=服务"循环服务模式的集成系统平台,通过对组件化或程序化后的数字化模型进行模块化部署,助力企业用户实现智造能力的平台化(安筱鹏,2018)。平台是数字化模型的外化体现,也是数字化模型的具体实现形式。它是各类工业原理、知识等软件化或组件化、模块化等封装后的总称，分为机理模型和大数据分析模型（李杰浩，2017）。笔者认为，工业互联网平台是服务提供商基于企业用户业务需求，通过向其提供或部署定制化和非定制化的数字化模型，助力企业用户实现数字制造资源的泛在连接，优化资源重组与调配，实现内部的平台化智能管理的数字平台。

1.3.3 工业互联网平台研究现状

作为新工业革命的新事物和主引擎，工业互联网平台在工业领域被创造性应用，对实现我国制造强国和网络强国建设意义重大。不论是政策导向还是工业发展需要，工业互联网及其平台的建设和发展将变得更加重要（王晨等，2018；Menon等，2019）。当前工业互联网平台发展总体上仍处于起步阶段，相较于消费互联网平台在我国电子商务领域的发展已比较成熟，工业互联网平台的建设与推进难度较大。受工业领域应用场景复杂、工业体系类目众多、基础设施水平差异较大等因素影响，工业互联网平台与消费互联网平台在许多方面有着明显区别。同时，鉴于龙头企业在构建工业互联网平台方面的既有优势，笔者将平台构建主体分为制造企业主导和非制造企业主导，如富士康主导的 Fii Cloud 工业云平台和阿里云主导的 supET 工业云平台等。

从某种层面上来说，工业互联网平台的提出是新一代信息技术应用研究的结果。因此，较早进行工业互联网平台相关研究的学者大多来自理科、工科领域。例如，工业互联网平台概念提出伊始，学者们首先对工业互联网平台的架构，包括平台架构和技术架构展开了研究。如赵敏通过对《工业互联网平台白皮书》的解读，提出了物联网、CPS、工控通信协议、工业云、工业技术这六类基本技术要素（赵敏，2018）；夏志杰通过对《工业互联网：体系与技术》的解读，认为工业互联网平台应有感知识别层、网络连接层、平台汇聚层、数据分析层这四个技术架构及其核心技术（夏志杰，2018）；庄存波提出了工业互联网平台三个核心技术，即制造技术、人工智能技术以及信息技术（庄存波、刘检华、隋秀峰等，2019）；以及 Guth 等研究提出工业互联网平台技术架构由 SaaS、PaaS、IaaS 和边缘层构成（Guth J B U F M，2018）。

随着工业互联网平台越来越受到政府、业界的重视，以及工业互联网平台应用的推广和相关技术研究的不断深入，管理学科领域的学者试着从管理学视角对其展开研究。当前，管理学领域的学者的研究一般聚焦于工业互联网平台的赋能应用、助力制造业转型升级和高质量发展等，如吕明元等人围绕制造业转型升级提出的制造业数字化转型升级三阶段理论（吕明元、程秋阳，2022）。针对如何促进我国民营企业实现持续的高质量发展，有学者认为工业互联网平台是重要抓手，并提出了对策及建议（任力，2020）。Li 等人则基于 ROOTCLOUD 的案例研究，认为工业互联网平台在数据、知识等信息共享和技术能力提供方面有利于中小企业数字化转型成功。近年来，工业互联网平台研究所涉及的范围进一步扩大，如"工业互联网平台＋金融科技"研究、低碳研究以及商业模式研究等。总体来看，工业互联网平台的研究还是一个较新的研究领域，有待更多的学者从更多视角对其展开研究。

1.3.4 工业互联网平台价值共创相关研究

尽管工业互联网平台是面向制造业以及制造业领域供应链的数字化、网络化、智能化转型的特殊平台商业模式，但是工业互联网平台也是以工业思维与互联网思维融合为基础的，同样具有平台的一般属性（李君、邱君降、柳杨等，2018），工业互联网平台也符合先"连接"再"聚合"的逻辑。因此，有学者试着从价值共创视角对工业互联网平台的价值共创活动进行研究，如王水莲等人以浪潮云 In-cloud 平台、海尔 COSMOPLAT 和阿里云 supET 这三个平台为对象进行研究，发现工业互联网平台的价值创造过程包括资源共享、价值共创、场景共生和生态共赢这四个环节（王水莲、于程灏、张佳悦，2022）；魏津瑜等人基于"前因—过程—结果"逻辑构建了装备制造业中资源需求方、制造资源提供方与工业互联网平台三者的价值共创过程模型，并通过实证发现信任、期望收益与自我认知是企业用户参与工业互联网平台价值共创意愿的三个重要维度（魏津瑜、李翔，2020）；马永开等人认为，工业互联网平台发展受阻的原因之一就是缺乏成功的价值共创模式，为此对多家国内外的工业互联网平台企业进行调研、总结、归纳出工业互联网平台的"三联"价值共创模式（马永开、李仕明、潘景铭，2020），在此基础之上，赵坤等将工业互联网平台的"三联"价值共创模式用于解释区域经济韧性主体耦合、过程耦合及生态耦合，并提出相关政策建议（赵坤、孙锐、荆林波，2021）。

在本书中，后续内容中关于价值共创的文献综述部分，笔者归纳出了价值共创领域的五大研究主题，对照五大主题可知，当前少量的有关工业互联网平台价值共创的研究有待进一步丰富，且已有的研究一般涉及的是价值共创的过程研究、主体定位研究以及结构研究，鲜有涉及工业互联网平台的价值共创行为研究及其影响因素的识别和探索。根据涂科的观点，工业互联网平台企业用户价值共创行为及其影响因素的研究对于未来该领域内的量化研究具有重要意义（涂科，2020），它反映的是工业互联网平台企业用户在价值共创互动中具体的行为动作。因此，本书将价值共创行为和影响因素的相关研究作为本次研究的核心。

1.4 研究目的与研究内容

1.4.1 研究目的

本书围绕工业互联网平台领域价值共创的相关科学问题展开研究。基于工业互联网平台用户视角，具体需要解决的科学问题有：工业互联网平台企业用户价值共创行为有哪些？工业互联网平台企业用户价值共创行为的影响因素有哪些？价值共创行为对企业用户绩效的影响如何？解决上述问题也是本书的研究目的。换言之，本书的研究目的在于明确工业互联网平台价值共创以及用户价值共创行为的内涵，厘清影响工业互联网平台企业用户价值共创行为的因素，分析工业互联网平台用户相应的价值共创行为对企业用户绩效的影响，然后基于对这些科学问题的解决方案，总结和归纳出相应的管理对策以提升我国传统制造业企业和制造业供应链的数字化转型，实现制造业的高质量发展。

1.4.2 研究内容

通过上文中所描述的本书的研究目的可知，本书设计的研究锁定以下三个主要研究内容：

研究内容一：探索和识别工业互联网平台企业用户价值共创行为及其影响因素。作为数字经济环境下的新型基础设施，工业互联网平台是推动数字经济发展的重要引擎，这一观点已经得到业界的高度重视，但我国工业互联网平台发展一直未取得预期效果。鉴于此，本书基于价值共创理论、技术接受模型理论，从工业互联网平台的企业用户视角出发，运用 TAM 和 UTAUT 整合模型的扎根研究探索工业互联网平台企业用户价值共创行为及其影响因素。笔者采用半结构访谈法对 9 家规模不一、行业不同的工业互联网平台企业和用户企业的高管人员进行访谈以收集第一手的数据资料，利用数据的开放式编码、主轴编码和选择式编码等构建工业互联网平台企业用户价值共创行为及其影响因素的扎根理论模型，进而对企业用户的价值共创行为及其影响因素进行总结、归纳，并对扎根模型中的各个重要变量进行详细的概念内涵分析。

研究内容二：重点关注工业互联网平台企业用户价值共创行为的影响。本书重点分析和解决工业互联网平台用户价值共创行为与其影响因素之间关系的问题。首先，基于技术接受理论和价值共创理论，明确"影响因素—共创意愿—行为"的研究逻辑；其次，基于理论推导和已有的研究，结合对实地调查数据分析的结果，引入契约控制作为研究内容二的调节变量，并提出相关研究假设；最后，以工业互联网平台的制造业企业用户作为对象收集实证数据，并对研究假设进行验证，以期为工业互联网平台的实践和发展提供理论指导。

研究内容三：研究工业互联网平台用户价值共创行为对绩效的影响。通过对研究一和研究二的探索，明确了工业互联网平台企业用户的价值共创行为和行为的影响因素，以及工业互联网平台企业用户价值共创行为与其影响因素之间内在的相互关系。然而，工业互联网平台企业用户价值共创的目的在于创造其所希望的价值结果，即企业绩效，那么，如何科学地衡量企业用户的绩效，以及本研究提出的工业互联网平台企业用户参与价值共创的行为对绩效有何种影响是企业用户和服务提供商所关注的又一重要问题。本书的研究将财务绩效、市场绩效和创新绩效作为工业互联网平台企业用户绩效的衡量指标，并在此基础上分析企业用户价值共创行为与企业用户绩效之间的内在关系。

1.5 研究方法与技术路线

1.5.1 研究方法

根据上述需要解决的科学问题，本书的研究具体采取了以下几种科学研究方法。

1. 文献研究法

科学严谨、选题新颖和具有一定意义的研究必须基于充分的文献研究，因此本书根据研究内容和研究目的对涉及本研究的工业互联网、工业互联网平台、价值共创、工业互联网平台价值共创、价值共创行为等相关领域的研究文献进行研读和梳理。其中，笔者所研读的文献全部选自国内外权威期刊。通过对已有研究文献的梳理找到本书研究的切入点和理论指导。

2. 扎根研究法

扎根理论研究法是运用系统化的程序，针对某一现象来发展并归纳式地引导出扎根的理论的一种定性研究方法。基于对相关领域文献的研究可知，目前对于工业互联网平台企业用户价值共创行为及其影响因素、结果等的相关研究相对较少，更不要说形成比较统一的学术结论，因此，运用扎根研究法来探索工业互联网平台企业用户价值共创行为及其影响因素较为适合。为了获取第一手资料，笔者对一共9家企业，包括大型、中型以及小型的工业互联网平台企业和工业互联网平台用户企业的高管人员进行了深度访谈以收集第一手数据资料，再应用扎根研究法对数据资料进行文本分析，以探索和识别工业互联网平台企业用户价值共创行为及其影响因素。

3. 深度访谈法

笔者通过对工业互联网平台、价值共创等相关领域文献的研究，结合工业互联网平台用户价值共创的特征，整理出了访谈提纲，通过深度访谈法对企业高管进行深入访谈以获得一手资料，为本书的后续研究提供了一手的素材。通过深度访谈与其他方法的结合得出了工业互联网平台用户价值共创中的用户价值共创行为、其影响因素等的结构维度和测量题项。

4. 问卷调查法

问卷法是国内外社会调查中较为广泛使用的一种方法。本书的研究在后续的变量关系检验中需要通过该方法对相关变量进行测量和获取调研数据。问卷调查法能对本书研究提出的变量进行准确的测量，且这种方法便于大规模的数据收集。

1.5.2　技术路线

本书研究的技术路线主要遵循以下逻辑：首先对国内外工业互联网平台、价值共创以及技术接受理论模型等相关文献进行梳理和总结，对工业互联网平台研究进展进行总结，结合国内工业互联网平台发展现实提炼出本书的科学研究问题，围绕工业互联网平台的内涵、企业用户价值共创行为及其影响因素、企业用户价值共创行为影响因素与价值共创行为和绩效的关系等科学问题展开探索和分析。为解决上述问题，笔者将相关问题细化为三个研究内容，即工业互联网平台企业用户价值共创行为及其影响因素研究、工业互联网平台企业用户价值共创行为的影响研究，以及工业互联网平台企业用户价值共创行为对绩效的影响研究（详见图1-1）。

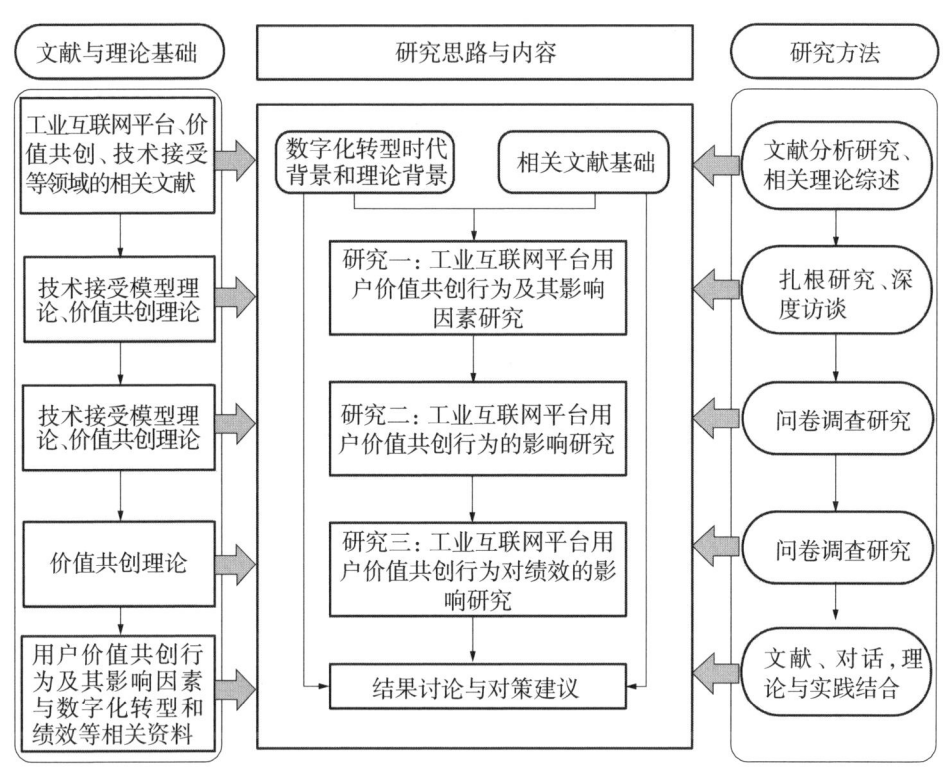

图1-1 技术路线图

资料来源：笔者绘制。

针对研究内容一中的问题，通过对已有的相关文献进行综述，笔者对工业互联网平台等相关概念进行界定，基于技术接受理论、价值共创理论，对国内不同行业、不同规模企业进行调研，采用扎根研究法对工业互联网平台企业用户的价值共创行为及其影响因素展开研究。最后，对行为和因素进行分析和阐释。

针对研究内容二中的问题，本书重点分析工业互联网平台用户价值共创行为影响因素与价值共创行为的内在关系。首先，明确"影响因素—共创意愿—行为"的研究逻辑；其次，引入契约控制作为研究模型的调节变量；最后，结合相关文献研究对建立的模型中变量间的关系进行细化、推导并对研究问题的实证模型进行分析假设。

针对研究内容三中的问题，在研究问题一的基础之上，将市场绩效、财务绩效和创新绩效作为工业互联网平台企业用户的价值共创结果，进一步讨论工业互联网平台企业用户价值共创行为对其绩效的影响。

第 2 章 文献研究与理论基础

为进一步展现本书在后续研究中的科学性、严谨性以及前沿性，本章主要对现有的工业互联网平台、企业绩效、价值共创等相关文献进行回顾和总结，通过文献研究方法系统地梳理出国内外在工业互联网、工业互联网平台、价值共创等相关领域的研究成果，并围绕本书所涉及的核心概念以及相关理论展开详细的论述，为后续的研究理论模型构建奠定基础。具体包括：第一，介绍价值共创的概念及其研究进展，并对相关研究予以归纳总结；第二，对本书涉及的相关理论展开论述，明晰其发展脉络与核心内容，为本研究提供理论支撑。

2.1 价值共创研究

2.1.1 价值共创概念

价值共创思想早期萌芽于共同生产（co-production），在经历了顾客体验视角后，发展于服务主导逻辑之中，现已拓展出服务科学、服务生态系统等多个领域。在管理学文献中，学者们从营销、服务、互动、设计、创新和新产品开发等不同的学科和角度对价值共创的内涵进行了阐述，对生产者和消费者共同完成生产和服务过程、共同决定生产和服务结果这一认知达成共识。Ramirez（1999）提出"价值共同生产"的概念，认为企业和顾客是参与价值创造与再创造的合作方。Prahalad 和 Ramaswamy（2004）提出"价值共创"的概念，在这个概念中，市场被理解为一个开放的领域，价值是由企业与消费者共同创造的，而不是由企业单方面产生的。Gummesson 和 Mele（2010）指出价值共创是价值网络成员间的互动，以及互动后的资源整合。总体上，国际上关于价值共创的内涵和定义一直在不断地演进发展，不同视角下的价值共创的定义是相互联系、相互影响的。

应该说，价值共创的提出与发展使人们越发认识到传统的商品主导逻辑已难以科学地解释现代商业情景及其变化，而价值共创理论的提出为相关的解释提供了良好的理论基础。经过多年的发展，价值共创理论逐渐形成了基于用户体验和服务主导逻辑的两大主流学派。学者们基于研究视角、情景以及对象等的不同，对价值共创的定义各不相同。为分析和总结价值共创的定义，本书以 WoS 和 CSSCI 数据库为数据来源，检索管理、商业、经济等领域的学术刊物，列出典型定义，如表 2-1 所示。

表 2-1 价值共创定义（2004—2022 年）

序号	定义来源	价值共创定义
1	Prahalad 和 Ramaswamy	价值共创是用于描述"顾—企"之间互动并实现价值共创的概念，是企业形成新的战略竞争优势的主要来源，其中消费者体验是基础，"顾—企"之间的互动是焦点
2	Ballantyne 和 Varey	价值共创是一种自发、协同、对话式的互动
3	Payne 等	价值共创是供需双方共同完成的动态互动过程
4	Vargo 等	价值共创是指将各个服务系统中的资源整合起来，以促进整个系统的福祉提升的过程。在这个过程中，不同服务系统之间通过资源交换的方式获取彼此所需的资源。服务提供方会将自身拥有的资源与服务系统中已有的资源相协调、整合，所创造的价值会受到环境因素的影响
5	Fiuller 等	在虚拟环境中，价值共创可以被视为一种授权活动，它可以增强个体的自我决定和自我效能体验
6	Gebauer 等	价值共创是一种商业模式，其核心思想是将顾客视为价值创造的合作者，与供应商共同参与到"体验环境"中，共同界定和解决问题。在这种模式下，消费者积极与供应商进行对话，共同构建个性化体验，从而实现双方共同利益最大化
7	Edvardsson	价值共创必须考虑到社会结构的影响，并在社会系统中进行。当顾客和公司参与者在社会系统中相互作用和建立社会结构时，他们会选择自己特定的社会位置和角色。因此，价值共创的实现需要考虑到社会系统的复杂性和参与者的多样性
8	Gronroos 和 Ravald	价值共创可被解释为一个由利益相关方共同参与的活动，其中他们进行二元关系的直接互动，这种互动能够在一方或双方，甚至是整个网络的各方中产生价值

续表

序号	定义来源	价值共创定义
9	Ballantyne 等	价值共创是指在产品交付和服务的过程中，企业与顾客之间进行紧密互动和协作，以实现共同价值的创造。这一概念强调了顾客的重要性，将其视为企业不可或缺的组成部分，共同参与创造和共享价值
10	Aarikka-Stenroos 和 Jaakkola	价值共创被视为一种协同互动的过程，旨在通过整合供应商和顾客的资源来共同解决问题。该过程旨在创造一种有益于双方的共同价值，实现双方的共同目标和利益
11	Gronroos 和 Voima	价值共创是一种以互动为基础的功能，其涉及企业和顾客的行为，这些行为可以被归为提供方、共同范围。此外，这些互动可以直接或间接地进行，并且强调直接互动对于价值共创的至关重要性
12	Ramaswamy 和 Chopra	价值共创范式是一种理论框架：①价值的产生需要通过互动来实现；②利益相关的个体需要共同创造和演化价值；③社会化和网络资源的利用对于价值共创具有重要意义；④平台是连接共创的和资源的工具；⑤财富、福利和幸福是参与共创的个体的共同愿望；⑥企业必须将利益相关者视为价值的积极创造者
13	Barrett 等	价值共创是通过服务生态系统的运作和推动实现的
14	Frow 等	价值共创是指企业与其所处的网络中的多种实体进行互动的过程
15	Singaraju 等	价值共创是各主体通过资源整合共同创造价值的过程
16	Vázquez-Casielles 等	价值共创是一个涉及企业、员工和顾客之间的相互作用的概念。在这一概念中，企业不仅提出潜在价值主张和促进价值创造，更能够与顾客共同参与价值的创造
17	Ramaswamy 和 Ozcan	价值共创是在交互式系统环境中实现的交互式价值创造过程，其中包括代理参与和结构化组织，交互式系统环境的支撑来自由人、物、过程、界面等构成的交互式平台，其产生的是交互价值
18	Toth 等	价值共同创造是一项集体活动，参与者通过发挥自身的主动性，积极参与并调整自身的行为，以促进共同的价值创造

续表

序号	定义来源	价值共创定义
19	Razmdoost 等	价值共同创造包括通过互动机制参与资源整合和服务交换行动者，这些互动机制由行动者产生和作为相互依赖的制度集合的制度安排启用和约束
20	谢礼珊等	价值共创是指不同的行为主体在相互互动的过程中，通过共同努力为彼此创造价值的一种现象。要实现价值共创，行为主体之间需要建立良好的互动关系作为重要前提
21	Boadi 等	价值共创是一种社会过程，其特点是积极主动、动态变化，并且基于企业与外部利益相关者之间的互动和联系。此过程有助于增进企业与利益相关者之间的相互信任、密切互动、信息交流，并共同创造价值
22	柳卸林和王倩	价值共创指参与主体通过互惠协作、资源整合共创新价值以实现共同的价值主张
23	赵艺璇等	价值共创是指基于一致的价值主张，形成多边主体相互连接、资源交互的合作关系，进而实现价值共创的过程

资料来源：笔者整理。

由表 2-1 可知，价值共创研究从参与主体来说经历了由"顾—企"到多方利益相关者再到服务生态系统的演进；从研究的理论视角来说，价值共创研究主要有用户体验流派和服务主导逻辑流派，且在服务主导逻辑基础上，衍生出服务逻辑、服务科学和服务生态系统视角的价值共创研究。尽管学者们对价值共创的定义不尽相同，但是，他们普遍认为用户在价值共创中发挥着日益重要的作用，虽然在价值共创过程中会越来越多地涉及多方利益相关者，但是用户和企业仍是价值共创的核心参与主体，且用户价值是共创价值的根本，即价值共创的价值最终是由用户决定的（Venkat，Ramaswamy，Naveen，et al.，2014）；其次，互动行为是共同创造价值的基础，甚至可以说没有互动就没有价值共创。以上论述表明，价值共创是一种涉及企业、用户和利益相关方之间互动行为和资源整合的过程，其目的是为了实现用户价值。

2.1.2 价值共创研究现状

价值共创突破传统企业创造价值的观点，是价值创造主体通过服务交换和资源整合而共同创造价值的动态过程。数字经济下，价值共创的研究随着实践环境的变化而不断发展，研究视角从关注二元互动的"顾客体验"向体现多主体网络协同互动的"服务生态系统"转变。

本书在研究中采用文献分析法对所收集的文献数据展开分析，对价值共创领域的研究演进脉络进行梳理。文献数据获取：以 WoS 核心数据库中文献作为数据来源；时间跨度为 2000 年 1 月 1 日至 2022 年 9 月 1 日；选择管理、商业、经济和运筹与管理科学等领域；检索主题词为 "Value Co-creation" "Co-creation of Value"；选择其中的高被引文章、综述文章，最终得到 143 篇文献。通过对这些文献的研读，从价值共创的参与主体、研究主题和研究视角三个方面对价值共创研究进行梳理，并绘制价值共创研究演进图（具体如图 2-1 所示）。

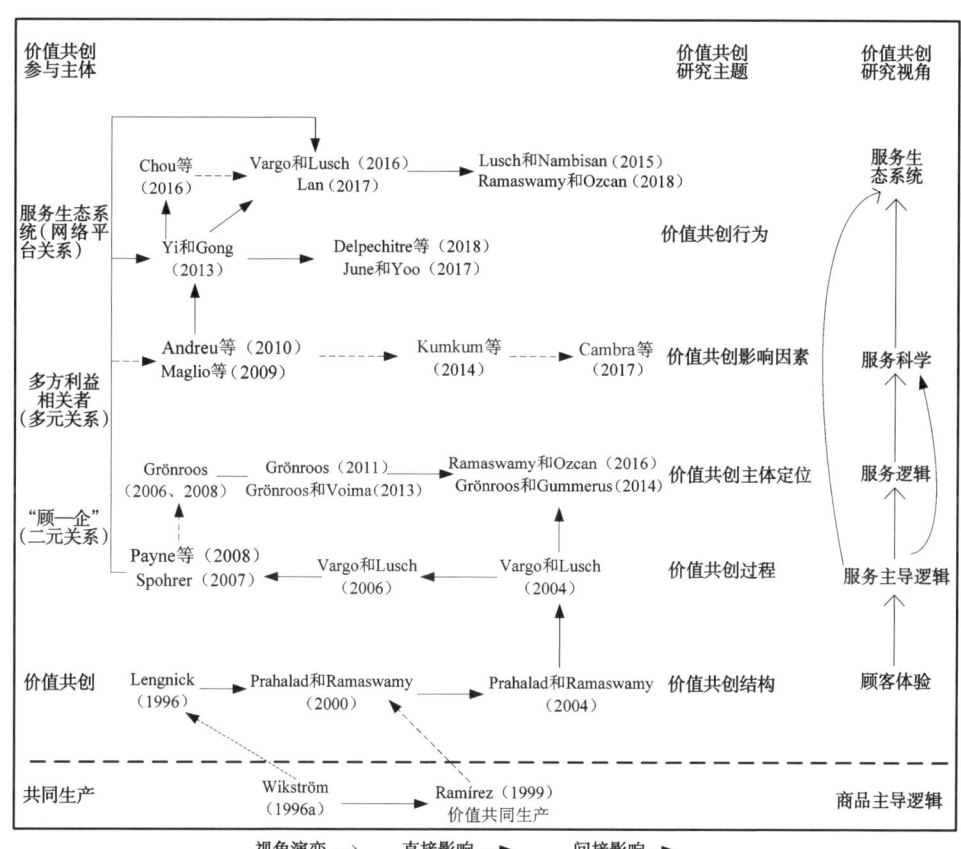

图 2-1 价值共创研究演进图

资料来源：笔者绘制。

通过文献的研读、分析和总结可知，价值共创研究主题涉及价值共创结构研究、价值共创过程研究、价值共创主体定位研究、价值共创影响因素研究、价值共创行为研究，下面分别进行概述。

（1）价值共创结构研究。该主题聚焦于研究问题"价值共创的内部构成是什么"，研究方法大多为文献研究等质性研究方法，研究结论的主要形式为结构模型。该主题研究成果为后续研究提供了概念性指导和研究思路。正如上文所述，该主题的研究旨在探索价值共创的内部构成，以文献研究居多。在该主题研究中，Prahalad 等人发表的 *Co-creating Unique Value with Customers* 是该研究主题的基础性文献，作者在文中提出了著名的 DART 模型，即对话（dialogue）、获取（access）、风险评估（risk assessment）、透明（transparency）是构建价值共创的四个模块（Prahalad，2004）。对话蕴含了交互性与参与性，它不只是代表倾听顾客的声音，还意味着两个平等的问题解决者之间的共享式学习和交流；获取是指为顾客提供获取信息的工具与支持，意味着顾客的目标由产品的所有权转为使用权；风险评估是指企业通过合适的方法来评估产品或服务给顾客带来的个人风险和社会风险，其中风险是指伤害顾客的可能性；透明是指消除企业与顾客之间的信息不对称，由企业向顾客提供关于产品及服务的充分信息，如价格、成本、边际利润、技术等。随后，一些学者运用 DART 模型探索具体情境中的价值共创过程。如 Schiavone 等针对社交媒体情境下的价值共创问题，在 DART 模型基础之上融入了技术管理模块，丰富和发展了 DART 模型（Schiavone，Francesco，Agrifoglio，et al.，2014）。另一个较有影响的模型是 Kumkum 等提出的五大支柱模型，即互动环境、资源、共同生产、感知利益和管理结构五大支柱，它们之间相互影响；其中，环境包括互动、关系规范、交换、信息共享、交流与对话、遭遇、原型化、顾客角色清晰；资源包括关系、能力、技术、网络、顾客社区、信任；共同生产包括顾客参与、伙伴关系与契约、相互性；感知利益包括体验、顾客学习、价值、期望收益、问题解决；管理结构包括高级管理层方法、领导、企业价值观与道德、组织机敏性（Bharti K，Agrawal R，Sharma V，2015）。

（2）价值共创过程研究。价值如何被各参与主体共同创造是该主题的研究重点。研究方法主要有深度访谈、案例分析、内容分析法等，研究结论的主要形式有过程框架与模型。该主题的研究成果为后续量化研究奠定了理论基础。其中以 Payne 等人发表的 *Managing the Co-creation of Value* 一文最具影响力，该文为这一主题研究提供了重要的基础框架，至 2023 年该文被引达 1621 次。此研究对全球 18 个不同行业中大型 B2C、B2B 组织中的高级管理人员进行了深度访谈，基于服务主导逻辑提出了价值共创过程框架，即包含顾客价值创造过程、供应方价值创造过程、遭遇过程这三个子过程的价值共创过程框架：①顾客价值创造过程（customer value-creating process）。顾客在此过程中对供应方及其产品形成的情绪（emotion）、认知（cognition）和行为（behavior）构成了关系体验（relationship experience），进而导致了顾客学习（customer learning）。②供应方价值创造过程（supplier value-creating process）。供应方在此过程中通过共创设计（co-creation & relationship experience design）与组织学习（organizational learning）来促进价值共创过程的实现，其中共创设计包含共创机会（co-creation opportunities）、计划（planning）以及实施与测量指标（implementation & metrics）三个元素。③遭遇过程（encounter process）。顾客与供应方在这个过程中进行接触与互动，价值产生于其中（Payne A F S K F P，2008）。后来的研究大多基于该模型，并结合特定研究情境进行拓展。如 Andreu 等人提出的价值共创综合模型，应用该模型通过多案例研究识别出价值共创中零售商与顾客的角色与行为，并评估了两者之间的匹配度（Andreu L，Sanchez I，Mele C，2010），类似地，Navarro 等人基于酒店无障碍服务情境提出价值共创过程模型（Navarro S，Andreu L，Cervera A，2014）。虽然 Payne 等人提出的价值共创过程框架聚焦"顾—企"二元关系的互动过程，但是这并不影响该模型为多元关系探索所做的贡献。

（3）价值共创的主体定位研究。各参与主体在价值共创中居于何种地位、发挥怎样的作用成为该主题的研究重点。研究方法主要有理论分析、概念发展等，研究结论的主要形式有理论命题与概念性描述。该主题的研究主要经历了三个阶段。

首先，早期价值共创研究强调顾客的重要作用，主要关注顾客的角色由被动向主动转变过程中的价值共创。该阶段研究在强调顾客积极角色的同时，认为企业与顾客在价值创造中扮演的角色趋同，发挥的作用差距变小。Vargo 等人（2008）基于服务主导逻辑认为消费者与生产者在价值创造中扮演的角色没有分别，都是价值共创者。Cova 等人（2011）进一步指出角色趋同带来的影响，即价值共创中消费者和生产者的角色界限变得模糊使得价值、所有权、消费和生产的概念都需要被重新定义。该阶段研究强调了顾客的积极角色，笼统地认为顾客与企业都扮演着价值共创者角色，然而并未对顾客与企业的角色进行剥离和细分。

其次，随着研究的深入，"顾—企"二元关系价值共创中的参与者角色研究成为主流，其中以 Groenroos 等学者为代表。Groenroos 对价值共创中企业和顾客角色进行了分析和界定（Groenroos C.，2008）。在交换价值条件下，Groenroos 提出了交换价值模型（exchange value model），将企业角色界定为交换价值的创造者（creator of value-in-exchange），将顾客角色界定为使用价值的创造者（creator of value-in-use）。Groenroos 在使用价值条件下，提出了两种模型，一种是基于商品逻辑的价值促进模型（value facilitation model），将企业界定为价值促进者（value facilitator），将顾客界定为价值创造者（value creator）；另一种是基于服务逻辑的价值实现模型（value fulfillment model），其中将企业界定为价值促进者与价值共创者（value co-creator）这两种角色，将顾客界定为价值创造者。随后，Groenroos 在一系列研究中，通过对比，进一步强化了服务逻辑与服务主导逻辑对价值共创中企业与顾客角色的不同界定：服务主导逻辑中，顾客是价值共创者，企业仅仅是价值促进者；服务逻辑中顾客是价值创造者，企业不仅是价值促进者，而且可以通过互动成为价值共创者。

然后在网络环境阶段，由于网络环境较之于线下环境能够融入更为广泛的参与主体，基于网络平台形成的价值共创具有更加丰富的网络关系。基于"顾—企"二元关系的价值共创演变为基于多方利益相关者的多元网络关系，将价值共创参与者的角色界定为代理（agency），强调参与者需要具有产生价值的能力。在后续研究中又强化了服务逻辑与服务主导逻辑对价值共创中企业与顾客角色的不同界定（Groenroos C，Gummerus J，2014）。近年来平台经济的崛起使基于网络平台形成的价值共创具有更加复杂的网络平台关系（朱良杰、何佳讯、黄海洋，2017），顾客不仅仅是消费者，同样还扮演着供应者的角色，具有更强的价值共创能力（涂科、杨学成、苏欣等，2020）。

（4）价值共创的影响因素研究。影响价值共创的因素是多方面的，那么这些因素有哪些方面以及影响效果怎么样是该主题研究的核心。对前者的探索，主要为质性研究；对后者的探索，主要为量化研究。研读文献后笔者发现，影响因素主要分两类：驱动影响因素与效果影响因素。驱动影响因素主要对主体是否参与价值共创产生重要影响，而效果影响因素则主要对价值共创效果产生重要影响。该研究的目的在于深入了解价值共创中的重要影响因素，以便更好地促进和实现企业与顾客之间的价值共创（涂科，2019）。具体的影响因素维度因不同学者的研究视角、研究情境以及对象的不同而不同。

驱动影响因素的初始研究阶段是识别阶段，即通过质性研究对驱动因素进行识别。如 Kumkum 等人（2014）基于顾客与营销者双方的深度访谈数据对金字塔底层（bottom of the pyramid，BOP）顾客参与价值共创活动的驱动因素进行了较为完备的探索，识别出两类驱动因素，第一类是秉性因素（dispositional factor），是指能够影响个体行为的与内在状态相关的因素，包括培训、顾客角色明确、信任、贡献能力、承诺、需求强度、问题关联性、积极性、情绪、移情、体验、知识、声誉、认可；第二类是情境因素（situational factor），是指能够影响个体行为的与外在环境相关的因素，包括货币激励、依赖程度、语言与沟通、顾客与方案开发者的关系、方案开发时间和位置舒适、方案提供者的性别、寻求答案和意识、社区、意见领袖、社会资本、互动。

在识别阶段之后，学者们便纷纷通过实证研究方法对价值共创的驱动机制展开了探索，由此进入了检验阶段。如 Hsiao 等人（2015）基于他们提出的多层次的链式多重中介模型，从组织、员工、顾客三个层面检验了仆人式领导是如何依次通过员工的积极心理资本与服务导向组织公民行为这两个中介变量来促进顾客价值共创的，由此探索了价值共创的促进机制。又如 Hsieh 和 Chang（2016）基于自我决定理论与内隐自尊理论提出了一个综合的品牌共创过程模型，通过实证研究检验了感知利益（感知自主、感知能力、感知关系）与品牌—自我连接对品牌共创契合的影响。

多数研究要么聚焦于识别，要么聚焦于检验。然而，也有少量研究同时对驱动影响因素进行了识别与检验，主要方式为质性研究与量化研究相结合。如 Jing 等人（2015）对在线健康社区中病人积极参与价值共创的动机进行了探索，该研究首先在网络民族志研究中识别出病人参与价值共创的动机，然后基于质性研究结果与社会认同理论提出假设并构建了价值共创活动驱动因素的中介模型，通过检验发现在线社区成员间的互动与在线社区的认知资源都是通过社会认同来促进价值共创活动的。此外，尽管多数研究聚焦于积极的驱动因素，但仍有少量研究对消极的抑制因素进行了讨论。如 Hoyer 等人（2010）基于新产品开发情境，对影响价值共创程度（范围与强度）的消费者层面的动机因素、企业层面的促进因素与阻碍因素进行了较为完备的阐述。其中，顾客层面的动机因素分为经济、社会、技术和心理因素四类；企业层面的促进因素主要分为增加顾客利益与减少顾客成本（时间、精力以及机会成本）两类；企业层面的阻碍因素主要源于企业对保密、知识产权、信息过载以及生产可行性的担心。

效果影响因素的初始研究阶段同样为识别阶段，典型的研究有：Andreu 等（2010）通过对家具行业的多案例研究，识别出影响价值共创三个过程的关键因素。具体而言，关系、提供物、技术以及组织管理是影响价值创造过程的关键因素；信息是影响互动遭遇过程的关键因素；决策信息是影响顾客价值创造过程的关键因素。随后，学者们开始对效果影响因素与价值共创效果之间的关系进行了探索。如 Smedlund（2012）基于欧洲关于服务创新的研究成果，提出了基于能力的服务价值共创模型。除了单一聚焦于一种影响因素，也有研究对驱动影响因素与效果影响因素同时进行了讨论。如 Hanna（2014）在新技术 B2B 服务背景下，通过案例研究首先对价值共创的效果影响因素进行了探索，认为顾客的学习导向（learning orientation）、企业的吸收能力（absorptive capacity）与学习投入（learning investment）能够显著影响顾客的感知价值；随后对驱动影响因素进行了讨论，提出获取体验（experience）、商业效益（commercial effectiveness）、先驱地位（pioneer status）是顾客参与价值共创的三个重要动机。

（5）价值共创的行为研究。早期的价值共创行为研究主要采用质性研究方法围绕行为识别和分类展开，如 Andreu 等学者对家具行业中的价值共创进行了详细的剖析，将其分解为五个关系阶段与三个过程，并对每个阶段和过程中顾客与企业的价值共创行为进行了识别（Andreu L, Sanchez I, Mele C, 2010）。使价值共创的行为研究活跃起来的较大贡献者是 Yi 和 Gong 这两位学者，他们开发了一套顾客价值共创行为量表，将顾客价值共创行为分为顾客参与行为和顾客公民行为两个维度（Yi Y, Gong T, 2013）。顾客参与行为指的是成功实现价值共创所必需的角色内行为，其中包含信息搜寻（information seeking）、信息分享（information sharing）、责任行为（responsible behavior）、人际互动（personal interaction）。顾客公民行为指的是顾客自愿的角色外行为，这些行为不是价值共创所必需的，但能够给企业带来额外价值，其中包含反馈（feedback）、倡议（advocacy）、帮助（helping）、宽容（tolerance）。基于该量表，学者们探索了前因变量对价值共创行为的影响、价值共创行为对结果变量的影响以及价值共创行为对顾客价值的影响等（Angeles Revilla-Camacho M, Vega-Vazquez M, Jose Cossio-Silva F, 2015）。如 Jung 和 Yoo（2017）通过对韩国大型公众康乐中心 362 位顾客的调查，检验了顾客间互动（积极的顾客互动、不正常的顾客行为）对价值共创中顾客公民行为（顾客参与、顾客合作、积极口碑）的影响机制。同时，该阶段研究还探索了价值共创行为对结果变量的影响,其中一部分聚焦于价值共创行为对企业价值的影响,如 Revilla-Camacho 等人(2015)基于 547 位健康美容服务顾客的问卷数据,发现顾客的价值共创行为能够显著降低顾客的离开意愿。Navarro 等人(2016)基于模糊集定性比较分析(fuzzy-set qualitative comparative analysis)检验了顾客价值共创行为对顾客满意度的影响。另一部分聚焦于价值共创行为对顾客价值的影响,如 Cossio-Silva 等人(2016)基于 547 位个人护理服务公司的用户的问卷数据,检验了价值共创行为对顾客忠诚度的影响。

随着数字化时代的到来,Yi 和 Gong(2013)的研究成果开始被广泛应用于虚拟社区、论坛等数字化价值共创环境。如 Chou 等人(2016)针对虚拟社区环境对价值共创行为量表进行了适应性修改,将其分为角色内行为(知识贡献行为)、角色外行为(在线社区公民行为),并探索了感知在线公平对价值共创行为的影响。数字化时代不仅带来了新的价值共创环境,还演进出了共享经济这样的新经济模式,因此,有少数学者对共享经济中的价值共创行为展开了探索。如 Lan 等人(2017)以共享单车为研究对象,探索了共享经济模式中价值共创行为的驱动因素。

通过对价值共创研究主题的文献研究可知,现有的研究成果涉及价值共创的结构、价值共创的过程、价值共创参与者的角色、价值共创的影响因素以及价值共创行为这五个主要的研究主题。其中,这些研究成果的取得,印证了价值共创理论是生产、制造、市场营销等领域的热门研究主题,以及价值共创在塑造企业竞争优势中的重要作用。然而,现有的文献成果尚有需要进一步深入研究之处,尤其是价值共创行为研究,该主题领域的研究不仅是对其他主题研究的进一步探讨,更是价值共创量化研究的核心议题(涂科,2019),反映的是利益相关方的具体的价值共创动作。与此同时,学者们在展开该主题的相关研究时,在对价值共创行为进行分析的同时,还会将其影响因素的研究作为探索价值共创影响因素的重要切入点。在本书的研究中,笔者将价值共创行为的研究主题作为本次研究的核心之一,并同时探索其影响因素。

2.1.3 价值共创行为研究

价值共创行为虽然体现的是一种多元互动下的价值共创,但其市场竞争的本质没有改变。当前,价值共创行为已经超越传统的二元互动范畴。在大数据时代,信息不完全问题逐渐消除,创新合作的深度和广度不断升级,连接经济带来的数字红利使得价值要素更丰富，价值关系更多元，价值互动更频繁。涂科认为，虽然各主体研究均得到了学者们的普遍关注和研究，但是价值共创行为是其他研究主题的进一步深化，众多关于该主题的研究以量化研究为主（涂科，2019），反映的是价值共创各利益相关方的具体的价值共创动作。为探索工业互联网平台企业用户的价值共创行为，笔者在 WOS 与中国 CSSCI 数据库中检索了 2010 年至 2022 年的价值共创行为研究的实证类文献，基于这些文献总结分析了当前主流的价值共创行为维度，为后续研究做好理论铺垫。具有代表性的价值共创行为维度如表 2-2 所示。

表 2-2 价值共创行为维度

序号	维度来源	维度
1	贾薇（2010）	信息共享、合作生产、人际互动
2	张凤超、尤树洋（2010）	信息共享、意见反馈、情感沟通、合作行为、亲身制造
3	Yi Y 和 Gong T（2013）	参与行为（信息搜寻、信息共享、责任行为和人际互动）、公民行为（反馈、倡导、助人和忍耐性）
4	范钧等（2014）	双向交流、顾客参与、联合解决
5	Choi（2015）	帮助、倡导、宽容、反馈
6	黄利伟（2015）	与产品互动行为、与员工互动行为
7	吴小英（2015）	自发的价值共创行为、发起的价值共创行为
8	Cheung 和 TO（2016）	信息共享、共同生产
9	Shamim 和 Ghazali（2016）	信息搜索、信息共享、个人交互
10	孙会千（2016）	顾客授权、信息共享、人际互动
11	杜娟（2016）	事前准备、信息分享、合作行为、人际互动
12	Cambra-Fierro 等（2017）	信息共享、个人交互、责任、帮助、宽容、反馈、倡导
13	Hau 等（2017）	信息搜索、信息共享、责任
14	牟明慧（2017）	工作认知、付出努力、诉求表达
15	Laud 和 Karpen（2017）	信息搜索、信息共享、责任、个人交互、反馈、倡导、帮助、宽容
16	谭国威、马钦海（2017）	信息交流、合作行为、人际交互
17	唐方成、蒋沂桐（2018）	顾客反应行为、顾客公民行为
18	Zaborek 和 Jolanta（2019）	对话、进入、风险评估、透明
19	沈鹏熠、万德敏（2019）	共创服务产品、共创体验环境、共创服务互动

续表

序号	维度来源	维度
20	Wong 和 Lai（2019）	参与型行为（信息搜寻、信息分享、责任行为和情境认知）和合作型行为（契合、知识分享、解决冲突和承诺）
21	迟铭等（2020）	知识贡献行为、顾客公民行为
22	Lafont 等（2020）	对话、获取、降低风险、透明
23	杜丹丽（2021）	对话、渠道/获取、风险评估、透明度
24	何彪等（2022）	信息共享、合作、责任

资料来源：笔者整理。

研读文献可知，从研究内容上来说，价值共创行为研究主要关注价值共创行为及其影响因素。在价值共创互动过程中，用户的行为无论是对平台/企业还是对其他利益相关者而言都是至关重要的。早期的价值共创行为研究主要采用质性研究方法围绕行为识别和分类展开，如 Andreu 等人基于家具企业对价值共创展开案例研究，提出了价值共创的五个关系阶段与三个过程，进一步分析了各阶段过程中的价值共创行为。Yim 等人基于社会认知理论，探索了价值共创中用户参与行为对用户及员工产生的一系列影响。Yi 和 Gong 这两位学者将用户价值共创行为分为用户参与行为、用户公民行为这两个维度，并开发出了用户价值共创行为量表，这一研究成果使价值共创的行为研究更加活跃。基于该量表，学者们探索了前因变量对价值共创行为的影响，以及探索价值共创行为共创结果的影响。在价值共创行为中，包括独立的价值创造行为、支持价值创造的辅助行为以及通过直接互动共同进行价值生产的行为。也有学者认为，价值共创行为其实是企业和客户的代表元素之间的交互行为。

从价值共创行为类型上来说，Groenroos 等人根据交互对象的不同提出价值共创行为有以下几种：①用户与一线员工的互动行为；②用户与实体资源或产品的互动行为；③用户与各系统间的互动行为；④用户与其他顾客的互动行为。Yi 和 Gong 等则提出顾客参与行为、顾客公民行为。其中，参与行为被视为角色内行为，公民行为被视为角色外行为。也有学者提出参与发起和参与自发这两种价值共创行为（卜庆娟，2017）。王琼英等人则提出了集群企业之间的参与行为和贡献行为这两种价值共创行为，参与行为包括交流、沟通互动等；贡献行为指积极主动贡献和提供资源进行集群价值创造活动

（王琼英、唐代剑，2022）。

从已有的研究可以发现，当前学术界对价值共创行为、价值共创活动行为、互动等概念并没有形成统一的认识。有学者在研究过程中并没有对价值共创行为和价值共创活动进行区分，而是将二者同等看待（刘晓彦、简兆权、刘洋，2020）；同时有些学者认为没有必要特意区分价值共创行为和互动，因为互动是价值共创的行为轨迹（朱勤、孙元、周立勇，2019）。互动既是价值共创的先决条件也是参与主体利益关系的反映，参与主体通过互动来加深对彼此的了解并给予反馈，这种反馈将会带来价值共创过程中的新特性。Grönroos 指出，产品是生产过程的结果，而服务或服务行为则是互动过程的结果。这一观点进一步凸显了互动行为在价值共创活动中的关键作用。综合来看，学者们普遍将价值共创行为视为以用户为核心，各个参与方在价值创造过程中互相合作、互动的行为（崔枫，2018）。尽管工业互联网平台价值共创活动涉及平台企业、用户企业、第三方服务提供商、政府等主体，但无论是企业用户与平台企业的互动或与第三方服务提供商的互动，从用户角度来说都是为了实现自身目的而与平台进行的互动。因此，本书将平台企业和第三方服务提供商视为平台方或者服务提供商。

2.2 绩效与共创价值

在企业战略研究中，学界还没就绩效的定义达成一致，但学者们普遍认同绩效是用来评判和衡量一个组织、团队或个人在一定的环境条件下的一个时期内完成任务的卓越程度（项国鹏、周鹏杰，2013）。通过对已有文献的梳理可知，学者们对于绩效的理解和认知主要有以下三个方面的观点：其一，绩效是一种结果；其二，绩效既指一种结果，还包括获得结果的行为；其三，绩效是企业或其他组织为实现预期目标而做出行为的过程（张涛、金璐，2019）。总体而言，绩效是一种成绩或成效，是企业或者其他组织为实现其预期目标而开展的各项活动在不同层面上的有效输出（瞿孙平，2021）。随着企业与其他利益相关者的互动关系被越来越多的学者所关注，企业绩效的维度也越发复杂（张金清、肖嘉琦，2018）。

学者们在围绕价值共创理论展开的相关研究中提出了共创用户价值的概念，强调了共创用户价值在价值共创中的重要性。如 Chen 等人在研究中提出，在价值共创中，共创的用户价值是价值共创的核心（Chen W W X M，

2020）。Prahalad 和 Ramaswamy 也强调了共创用户价值的重要性，他们指出，共创用户价值是企业和用户之间互动的结果（Prahalad C K，Ramaswamy V，2010）。马永开等人也指出，价值共创理论中的"价值"特指用户的价值，并进一步提出，价值共创的理想状态是满足用户的个性化需求（马永开，2020）。本书以企业用户为研究对象，因此，在工业互联网平台价值共创的研究中，笔者关注的是企业用户在价值共创互动中所获得的满意的结果。

2.2.1 绩效评价与衡量

原始的绩效评估方法普遍停留在财务指标层面，对绩效的测量相对单一。然而，随着研究的深入，企业绩效的定义和测量准则也与时俱进，对绩效进行多维度的衡量胜于单一维度的测评，以反映企业绩效的全局（Wiklund J，Shepherd D，2005）。Wiklund 和 Shepherd 将企业绩效分为两个维度，即财务绩效和成长绩效（Wiklund J，Shepherd D，2005）。张骁和胡丽娜认为，企业绩效应该是一个多维度的概念，可以从财务、非财务两个角度去考虑；其中，财务方面可以利用销售收入增长率、毛利率、净利率等指标衡量企业绩效，非财务方面可以利用市场份额、客户对其产品和服务的喜爱程度以及企业社会责任的履行情况等衡量（张骁、胡丽娜，2013）。罗建强等则在以技术密集型企业为研究对象探索制造企业服务化、研发创新投入与企业绩效之间的关系时，将销售额和企业利润等作为企业绩效的衡量指标（罗建强、潘蓉蓉、杨子超，2023）。另外，Mumford 认为技术的进步给企业带来了生产、设计以及新的知识等方面的重要革新，进一步优化了企业的生产管理系统，在评价企业绩效时应该将创新绩效作为重要指标来考察（Mumford M D，2000）。冯丽霞则认为企业业绩有两个方面：一方面是业绩以结果为导向，这种结果由特定的工作活动在特定的时间内产生；另一方面是业绩以行为为导向，这种行为与企业经营目标关联（冯丽霞，2002）。Hackman 在评价企业绩效时强调了企业现阶段及未来的产出状况，认为企业绩效包括资产回报率、销售增长率及企业盈利率等常用的历史财务指标，也包括市场价值及创新能力等反映企业长期增长潜能的非财务指标，反映了企业组织的生产能力（Hackman J R，1987）。此外，专利数、各业务的收入、企业的市场地位以及员工忠诚度等指标也能够用于衡量企业的绩效状况（何郁冰、张思，2017）。

虽然当前已有的文献涉及的企业绩效维度众多，但张金清等人认为，国内外学者总体上都更倾向于使用资产回报率（ROA）、营业利润等财务指标，或者市场价值等来刻画企业的经营状况（张金清、肖嘉琦，2018）。此外，还有学者认为，当前我国科技不断发展，创新发展也随之不断深化，创新绩效这一指标也被越来越多地用作衡量企业绩效的一项重要指标（王钰，2022）。

2.2.2 价值共创结果与绩效

服务主导逻辑认为，服务是所有经济交换的基础，并且顾客是价值的共同创造者，同时也是操纵性资源的拥有者。当企业向顾客提供资源（产品、服务、信息）时，顾客投入自己的知识、技能、经验等与企业进行互动以创造自身所需的价值（Vargo S L, Lusch R F, 2016），获得这种价值是顾客或用户参与价值共创的目的，即顾客或企业用户通过相关互动行为来参与价值共创以获得所期待的结果。

不同消费者或用户参与价值共创的动机不同，这种"目标价值"最终的表现结果也不同。如唐方成等人认为在虚拟品牌社区价值共创中，顾客参与社区价值共创的行为主要是为了消费功能利益、社交与自我成就利益和享乐利益这三个方面的追求（唐方成、蒋沂桐，2018）；吴菊华等人则认为顾客参与价值共创在于实现其学习价值、享乐价值和社会融合价值（吴菊华、程小燕、李太儒，2016）；徐嘉徽在研究共享服务平台双边用户价值共创过程时认为，无论是资源端的企业用户还是需求端的企业用户，其参与价值共创的结果可以归纳为经济价值、信息价值、品牌价值和创新价值（徐嘉徽，2019）。根据上述学者们对企业绩效所给出的定义可知，绩效是一种成绩或成效，也可以是一种结果或相关的行为或行为过程，而用户参与价值共创所追求的"目标价值"也可以视为其中的一种。正如张璟所总结的那样，企业参与价值共创的结果是对组织价值共创经营活动所带来的产出的反映（张璟，2016）。因此，可以认为价值共创的结果就是一种绩效，即用户参与价值共创的互动行为产生的结果就是绩效。

2.2.3 用户企业绩效衡量

企业绩效的衡量和测量，其测量指标根据研究目的的不同而各有侧重。如研究侧重点在生产方面，那么企业绩效的维度则侧重于生产的记录和有效性等方面；当研究侧重点在企业行为方面，那么绩效的衡量维度必然是围绕实现组织目标的行动和能力；所以说，从哪些维度去衡量或测量企业绩效必须紧紧围绕研究的侧重点展开（邵东，2021）。如为了探究顾客参与价值共创对科技型小微企业在挖掘顾客需求、开发新产品、快速将产品推向市场等方面的影响，符加林等人将创新绩效作为绩效测量的出发点（符加林、张依梦、闫艳玲等，2022）；刘正阳等人以净资产收益率、资本回报率和每股收益等指标作为企业绩效的重要指标（刘正阳、王金鑫、乔晗等，2019）；邓新明等人用市场占有率来测量企业绩效，并用于研究高管团队异质性、竞争策略组合与企业绩效之间的关系（邓新明、罗欢、龙贤义等，2021）。总体而言，通过对已有的文献的梳理和研究可知，企业在市场和财务方面的表现是学者们最常用于衡量企业绩效的两个维度，也是较为基础的两个维度。

此外，在工业互联网平台价值共创中，企业用户的使用和参与的目的是通过加入工业互联网平台以创新商业模式、重设产品架构、优化服务质量、优化业务流程等。工业互联网平台提供商或第三方服务提供商向对资源有需求的用户提供产品、服务、信息或数字技术等资源，企业用户基于这些服务，结合自身条件和能力等对相关资源进行整合，创新生产流程和运营管理、推动商业模式创新等以保证在市场上更具竞争力（吕明元、程秋阳，2022）。一方面，工业互联网平台作为一种新基建，从本质上来说是向企业用户提供了一种新技术（数字技术）和解决问题的新方法。企业用户引进或采用这种新方法、新技术后可以增加企业的价值，即企业的创新绩效（周阳，2022）。另一方面，研究人员在对企业进行实地访谈调研时发现，企业用户对于工业互联网平台的诉求大多集中于降本增效、优化工艺设计以及市场把握等方面。综合上述分析，本书从市场绩效、财务绩效、创新绩效这三个维度，以主观测评的方式测度企业用户的价值共创绩效。

（1）市场绩效。有学者认为，对于企业在新市场的挖掘、新客户的吸引和市场占有率等方面的能力，市场绩效都能很好地体现出来（王分棉、任倩宜、周煊，2021）。也有学者认为，这种能力还应该包括企业对市场变化的反应能力，营销过程中有效的沟通能力等（刘斐然、胡立君、范小群，2023）。企业要想成功地挖掘新市场，招揽新客户，增加市场占有率，面对动态多变的市场，就必须比竞争对手更加迅速地做出反应，更好地解决用户痛点，满足用户的需求。市场绩效与企业的创新、市场需求密切相关。一个成功的企业应该时刻与客户保持密切的联系和接触，对客户的需求有深刻的理解，且辅以高效、有意义的交流并不断创新其服务品质，如此才能实现企业独特的市场定位。这表明在市场中具有高绩效的企业往往可以快速找准目标用户，并能够用优于其竞争对手的沟通能力迅速实现品牌形象的建立。

（2）财务绩效。在评价企业财务绩效时，学者们往往会考虑总销售额、成本效率、盈利能力等具体指标（Runyan R，Droge C，Swinney J，2008）。也有学者认为在衡量财务绩效时还应该考虑企业服务的盈利能力和销售能力（刘晓彦，2022）。对一家企业来说，最能体现其经济增值和利润增长率的就是财务绩效。财务绩效非常直观地反映了企业资本的收益和增值的盈亏情况。财务绩效的主要意义是通过真实反映企业的收入和成本，来衡量企业的运营效果，显示企业的盈利能力、偿债能力和抗风险能力。

（3）创新绩效。经过对现有文献的归纳整理，笔者发现，尽管企业创新绩效在管理创新领域备受关注，但对于其概念和测量方法，业界还没有达成一致，同时对创新绩效的评估也存在着差异。对于创新绩效的内涵，学者们主要从过程和结果这两个角度来诠释。如 Ari 等人（2021）认为创新绩效是指企业通过产品或过程创新活动产生的绩效提升；Linton 则提出了技术创新和社会创新的两维度论（Alegre J，Chiva R）；Guler 和 Nerkar 认为创新绩效应该主要强调产品创新绩效和生产过程创新；臧红敏认为，企业创新绩效是反映企业技术创新的效率和产出的成果（臧红敏，2020）。梳理文献可知，现有的对企业创新绩效的研究大多强调新产品或服务的产生，相应的衡量标准主要体现在专利数量、新产品数量和新服务研发等方面（刘金亚、马雨萌、李鑫鑫，2022）。有学者也强调提高创新过程的效率，缩短新产品研发的周期，提升创新质量（唐鹏鸣，2022）。在工业互联网平台生态中，平台上积累了海量的工业数据，企业用户可以依托平台提供的数字技术实现业务流程优化和完善（赵宏霞、王梦娟、王国涛，2022），或者与平台或其他企业用户合作，促进生产合作方式由原来内外部割裂的单链条串行生产方式向多链条并行协作方式转变，形成新的分工模式，实现新技术、新产品开发（梁树广、张芃芃，2021），企业用户参与工业互联网平台价值共创既能带来过程绩效也能带来结果绩效。因此，本书研究的用户企业参与工业互联网平台价值共创的创新绩效主要指的是企业用户通过平台赋能实现创新过程和结果的降本增效，是对现有的企业创新绩效研究的有益补充。

2.3 主要理论基础

2.3.1 技术接受模型理论

技术接受模型理论（technology acceptance model，TAM）源于社会心理学和行为科学，是从用户的角度而非信息技术的角度出发，研究用户接纳和使用信息技术的行为，并总结出相关规律和影响因素，以改善技术的设计开发、宣传推广和用户的接受使用（宋雪雁，2010）。该模型理论刚被提出时，更多地应用于信息技术与信息系统等领域，目的是探索信息系统产出不足的原因，以解决投入与产出不平衡的问题（张培，2017）。信息通信技术的发展日新月异，学术界研究用户接受和使用信息通信技术的热情高涨，这种理论也成为技术创新领域研究的热点。近年来，学者们不断发展和改进应用技术接受理论，如不断创新研究视角、研究方法等，这使得技术接受模型理论对于预测人们对新技术接受的意愿和行为具有更强的解释能力。

技术接受理论模型由 Venkatesh 等人提出，聚焦于信息技术使用行为的影响因素（Venkatesh V，Morris M G，Davis G B，et al.，2003）。技术接受理论模型对理性行为理论模型进行了改进和优化，在该理论模型中引入了感知有用性和感知易用性这两个关键的影响因素（见图 2-2）。

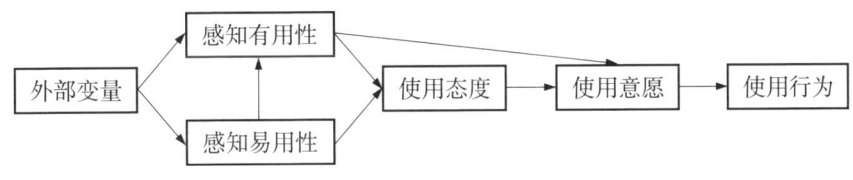

图 2-2 技术接受模型示意图

技术接受模型理论自提出以来经过不断的完善，逐渐发展出 TAM2、TAM3、整合技术接受模型（unified theory of acceptance and use of technology，UTAUT）以及 UTAUT2 等模型理论。这些后发展的模型理论都是基于 TAM 不断吸收并借鉴其他理论的模型要素整合而来，具体如表 2-3 所示。

表2-3 各技术接受模型核心概念

模型	提出学者	核心变量
TAM	Fred D. Davis（1989、1993）	外部变量、感知有用性、感知易用性、使用态度、行为意向、使用行为
TAM2	Venkatesh 和 Davis（2000）	主观准则、印象、工作相关性、产出质量、结果论证可能性、经验、自愿程度、感知有用性、感知易用性、行为意向、使用行为
UTAUT	Venkatesh 和 Davis（2003）	绩效期望、努力期望、社会影响、促成因素、性别、年龄、经验、自愿性、行为意向、使用行为
TAM3	Venkatesh 和 Bala（2008）	社会规范、印象、工作相关性、产出质量、结果论证可能性、自我效能感、感知外部控制感、计算机焦虑感、计算机娱乐性、感知愉悦性、客观可能性、经验、自愿程度、感知有用性、感知易用性、行为意向、使用行为
UTAUT2	Venkatesh、Thong 和 Xu（2003）	绩效预期、努力期望、社会影响、促成因素、享乐动机、价格价值、习惯、性别、年龄、经验、行为意向、使用行为

资料来源：笔者整理。

通过对技术接受模型理论的文献综述可知，学者们在应用该理论模型时大多会基于研究的对象、视角、内容和逻辑等做出适当的变化和调整。比较常见的模型调整情况有以下几种：①不直接使用完整的 TAM，不考虑变量中的使用行为，模型将使用意向作为最后变量（Ma Q, Chan A, Chen K, 2016），还有学者将模型中的变量使用态度删除，只采用使用意愿（Pan S, Jordan-Marsh M, 2010）；②一些学者则根据自身的研究在模型中增添一些变量，这些变量直接影响使用态度或使用意愿，比如感知娱乐性、感知安全性、感知风险、感知自我价值等（李敏、王振振、王立剑，2017）；③根据各自研究的情境内容添加不同的外部变量以形成有针对性的模型，如性别、年龄等人口统计变量，先前经验，人际依赖/他人影响等（徐旭初、陈荣，2017）；④也有学者根据自身研究需要，借鉴和吸收其他理论模型中的变量以提高模型的解释能力，如自我效能、促进条件、社会影响、个人革新性、绩效预期、技术焦虑等（Chiu C J, Hu Y H, Lin D C, et al., 2016）等。所以说，尽管技术接受理论模型应用广泛，但在具体应用时需要结合应用情境加以取舍和拓展，这也决定了技术接受理论模型是一个开放性的模型，研究者可以从不同的角度对模型进行扩展、完善（罗长利、朱小栋，2015）。

技术接受理论模型的"影响因素—意愿—行为"理论逻辑框架为本书第四章构建工业互联网平台企业用户价值共创行为及其影响因素的研究提供了理论指导。在工业互联网平台价值共创中，用户企业可以通过工业互联网平台提供的各类功能组件或第三方服务商进行价值共创。从实践角度来说，工业互联网平台的兴起和发展是新一代信息技术发展的结果，用户参与工业互联网平台的价值共创意味着对新技术的接受。作为制造业领域的"新基建"，企业用户对工业互联网平台的接受和应用受多个因素的影响。根据技术接受理论模型，这些因素会对企业用户对工业互联网平台的应用和参与以及价值共创意愿产生影响，最终导致具体的行为发生变化。以洪学婷等人的研究为例，他们引入了主观规范、个人创新性和信任等变量，构建了一个以"影响因素—意愿—行为"为逻辑框架的技术接受理论模型，用于探讨人们对Airbnb平台持有的使用意愿和做出的使用行为（洪学婷、张宏梅、张业臣，2021）。此外，根据罗长利等人的观点，技术接受理论模型作为一种开放性的理论模型，允许研究者根据工业互联网平台的特性和具体研究情境，对该模型进行丰富和拓展（罗长利、朱小栋，2015）。因此，在研究工业互联网平台企业用户价值共创行为及其影响因素时，笔者借鉴技术接受理论模型的逻辑框架构建研究模型，并结合工业互联网平台的特点和具体情境，对该模型做了进一步的丰富和拓展。笔者认为，这将有助于更全面地理解企业用户在价值共创过程中的态度、意愿和行为，并为推动工业互联网平台的应用和发展提供理论支持。

2.3.2 价值共创理论

价值共创理论自提出以来逐渐形成两大核心理论流派，一个是基于用户体验的价值共创理论流派，另一个是基于服务主导逻辑的价值共创理论流派。

Prahalad 和 Ramaswamy 从企业竞争的视角出发，提出基于用户体验的价值共创。他们认为，在新的互联网市场中，用户越来越成为企业构建新的竞争力和竞争优势的重要因素。总体上来说，Prahalad 和 Ramaswamy 提出，强调互动是利益相关者实现价值共创的基础，互动的形式可以是多样的。企业与客户之间的互动不但有助于企业了解用户的喜好、习惯等重要信息资源。同时，这种互动也能够帮助用户利用服务提供者所提供的产品或服务，创造出自身的价值。如廖民超等人的研究发现，企业通过与客户或者外部利益相关者进行对话的行为可以帮助企业了解客户需求，为其提供定制化产品，从而建立紧密联系以提高客户忠诚度（廖民超、金佳敏、蒋玉石等，2023）。客户与企业间的互动可以看成是信息和资源互取互传的过程，即顾客反馈被服务的感受，企业则通过交流获得关于客户需求的信息，从而获得新创意而不断优化服务的过程。在平台生态价值共创互动中，客户在连接之后通过与平台的对话和从平台那里获取的信息就能够获得个性化的产品或服务，与此同时，平台可以获取客户信息以提供更优的产品和服务。正如 Prahalad 和 Ramaswamy 所言，通过对话，企业和客户之间可以实现资源互取，即企业在与客户的持续的对话沟通、信息共享等互动中对其需求实现掌控，与此同时，客户通过与企业互动可以获得企业能力及其他需要的信息。Wagner 也提出，共享信息是在价值创造过程中学习和合作的基础，有助于参与方共同形成心智模式，构建愿景，实现价值共创的目标，即共同创造客户满意的体验价值（Wagner C G，1994）。

面对日益加剧的全球化竞争，Vargo 和 Lusch 借鉴资源分类的观点提出了服务主导逻辑理论。该理论认为，首先，所有参与者皆为资源整合者，价值的创造取决于这些参与者主体资源整合和能力应用的相互作用，并且这种相互作用是共同创造价值的关键。服务主导逻辑认为服务应以用户为核心，以满足用户的需求为目标，服务的价值不是在交换中实现的，而是在用户基于特定场景使用企业提供的产品或服务时实现的，因此价值是由用户决定的。作为操作性资源的持有者，用户将其知识、技能和经验等投入到价值创造的过程中。这是实现价值共创的重要前提。用户和企业通过相互作用和合作，投入各自的资源以创造自己所需的价值，并在这个过程中进行资源交换。其次，基于服务主导逻辑的理念，各价值共创主体都会重视自己能力的提升。从用户的视角来说，为了整合、吸收价值网络内外部各种对象性资源和操作性资源，用户在享受和体验服务的过程中参与互动。在这个过程中，用户不仅可以向其他参与者传达自己的创意、知识和技能，而且为了更好地传递价值并融入价值创造系统，用户还可以加强自身整合、吸收和创造等高阶能力的培养，从而提高自身的价值创造能力。为了更好地迎合数字化时代消费者不断增长的个性化需求，越来越多的企业用户开始利用云计算技术，将大量的功能转移到云服务器上，以实现更具个性的设计，增强与客户共同设计的能力。

综上所述，无论是哪个流派的价值共创理论，都强调了用户的重要性，并且特别强调了互动行为在价值共创中的关键作用。这为本书提供了理论指导，用以归纳和总结工业互联网平台企业用户在价值共创过程中的行为，尤其是方案共同设计，并解释价值共创结果与企业绩效之间的关系。一方面，工业互联网平台企业或第三方服务提供商通过与用户企业的互动了解其需求，为其提供更好的环境条件，以实现其价值或体验的创造。与此同时，用户企业为了创造自身所需的价值而投入自身的资源，包括数据和知识等，既为自身创造价值，也为其他参与主体创造价值。另一方面，用户企业基于工业互联网平台提供的数据、技术等资源，提升或构建自身服务于客户的能力，从而实现价值创造。此外，用户企业参与工业互联网平台的互动所带来的结果就是其期望实现的组织目标，这种结果就是企业绩效。因此，笔者认为价值共创理论可作为本书研究的理论基础，用于指导归纳和总结工业互联网平台企业用户在价值共创过程中所展现的行为，并解释价值共创结果与企业绩效之间的关系，为研究提供理论指导。

2.4　文献述评

当前围绕工业互联网平台、价值共创这两大主题所开展的研究已经取得了一定的成就，尤其是关于价值共创的研究，涉及概念、内涵、影响因素等多个方面。前人的研究为本书提供了坚实的理论和文献基础。不过，虽然学者们对工业互联网平台、价值共创这两大主题进行了广泛的研究和讨论，但仍存在进一步拓展的研究空间。

（1）工业互联网平台领域的研究尚处于初级阶段，涉及工业互联网平台价值共创领域的研究成果较少。由于工业互联网平台是新一代信息技术发展的结果，具有特殊性，其概念提出后主要引起理工科学者的关注，该领域的学者多从技术的角度展开研究。如张涛等人为了实现对数字化车间的介入式3D实时监控，建立了实时数据库的E-R-T模型（张涛、唐敦兵、张泽群等，2018）；向峰等人基于去噪自编码器设计了制造服务可信特征分类方法（向峰、钟雷、左颖等，2021）；等等。随着工业互联网平台研究的进一步发展，管理学科领域的学者开始从管理学的视角对其进行定义和研究。虽然学者们对工业互联网平台展开了丰富的研究，但是大多还是集中于工业互联网平台的概念内涵、技术架构以及平台对行业发展和企业管理模式的影响等研究。

在制造业领域，已有的研究主要围绕共享产能、共享生产设备、工业物流服务平台、生产设备健康服务平台等主题展开，而工业用户价值共创研究十分稀缺。因此，未来工业互联网平台领域研究的热点之一将是对工业互联网平台价值共创的研究（谢卫红、骆建彬、郭海珍等，2021）。

（2）平台经济背景下，现有学者的价值共创研究大多基于平台企业视角展开，且一般聚焦于消费互联网平台领域 B2C 模式的价值共创研究，鲜有关于工业互联网平台价值共创行为及其影响因素的研究。在价值共创研究的早期阶段，"顾—企"之间价值共创的模式、机制等研究成为学者们研究的热点。随着平台经济的崛起，以平台企业为核心的价值共创研究也随之成为该领域的研究主流。如左文明等聚焦于共享住宿价值共创公民行为，探究不同价值共创公民行为下顾客的服务需求差异（左文明、徐梓馨、黄枫璇等，2023）；田虹等人关注顾客参与价值共创对企业双元创新的影响（田虹、田佳卉、张亚秋，2022）；高红岩等人研究价值共创活动中顾客心理所有权和顾客契合对品牌忠诚度的影响效应（高红岩、周雯、孟祥茜，2022）。通过对文献的研究分析可知，平台经济下，价值共创研究大多围绕虚拟社区、网购平台等消费互联网平台展开，且以 B2C 模式的价值共创研究居多，相对而言，在 B2B 领域的研究相对较少。与个人用户不同，企业用户代表了一个组织的利益，涉及的价值创造更为复杂，操作成本更高，风险也更大，决策更加理性，考虑的因素摒弃了个人喜好等情感。在传统制造业数字化转型的大背景下，传统制造企业借助工业互联网平台进行数字化转型的决策所涉及的因素更加复杂，因此，消费互联网平台领域针对个人用户的研究成果是否能直接用于指导工业互联网平台领域的价值共创实践则有待商榷。

（3）工业互联网平台下企业用户价值共创行为与绩效的关系有待进一步检验。使用工业互联网平台参与价值共创是传统制造企业实现数字化转型和高质量发展的重要途径。有学者认为传统制造企业参与工业互联网平台价值共创能够带来高绩效，也有学者并不完全认同这一观点。如 Carmen 等人（2015）提出工业互联网平台的数据赋能可以帮助传统制造企业获得大数据能力从而实现数字化转型，这有利于企业了解和掌握市场变化；根据 Wang 等人的研究，平台生态中的工业大数据是企业获取竞争优势的关键资源。该资源不仅有助于企业参与业务流程和运营模式的创新，而且还有助于企业开拓新的业务领域以获取竞争优势（Wang J, Xue Y, Yang J, 2020）。由于工业互联网平台是新一代信息技术的集成和融合，张小蒂等人经过研究后发现技术融合对绩效的提升作用并不十分显著（张小蒂、曾可昕，2012）。对工业互联网平台能够帮助传统制造企业获得高绩效的观点持保留态度的还有学者王节祥等，他们认为并不是所有参与价值共创者都能获利，参与主体必须采取适当的战略才能为自身带来更高绩效。由此可见，工业互联网平台企业用户参与价值共创的行为与其绩效的关系有待进一步讨论。

第3章 用户价值共创行为及其影响因素扎根识别

作为传统制造业领域的"新基建",工业互联网平台相关研究整体上还处于发展前期,企业界、学术界对其认知各有不同。通过梳理文献可知,目前已有的研究鲜有涉及工业互联网平台企业用户的价值共创行为,加上工业互联网平台有其特殊性,这使得该领域的相关研究更具迫切性和现实意义。本章尝试采用扎根理论的研究方法来探索工业互联网平台企业用户价值共创行为及其影响因素,为后面的实证研究打下基础。

3.1 研究方法与数据收集

3.1.1 扎根方法的选择

作为一种质性研究方法,扎根理论主要基于对所获数据的多次编码、概念化等步骤,进而对现实世界的某一现象成因或本质进行逻辑推理和归纳,最终构建出新的理论框架。扎根理论主要有两个方面的内涵:首先,扎根研究的对象并非量化数据,而是描述物理世界情形的文本数据;其次,扎根理论在调查开始前既不作预设,也不对现有的理论进行验证,而是对收集的数据展开分析,即概念整合、提取、归纳等。扎根理论并非是对已有的理论进行重复性的验证,而是对新兴领域的概念开发和理论完善。扎根理论应用范围非常广泛,涉及营销、信息技术等。通常来说,扎根理论比较适用于某一领域研究的理论有待完善,或已有的理论难以解释现实现象,抑或研究领域尚有理论空白的情况。

由于目前鲜有文献涉及工业互联网平台下的企业用户价值共创行为及其影响因素的研究,可参考的研究成果较少,不但其概念含义未有明确的定义,平台的企业用户共创行为及其影响因素也仍然是一个"黑盒"。虽然消费互联网平台领域围绕消费者价值共创行为及其影响因素的相关研究较为丰富,但消费互联网平台领域的价值共创相关研究成果并不能直接用于指导工业互联网平台的实践。所以，在本书应用扎根理论研究方法对工业互联网平台企业用户的价值共创行为及其影响因素进行探索和识别是非常合适的。

3.1.2 扎根研究步骤

扎根理论（grounded theory）是最早由 Glaser 和 Strauss 这两位学者于1967年提出的一种质性研究方法。扎根理论指的是通过对所收集的数据进行多次编码和概念提取，归纳各概念间的关系，进而对实际情境中某事物的本质及成因等进行逻辑推理和归纳，最终构建出新的理论框架（贾旭东、衡量，2020）。扎根理论的内涵主要体现在以下三个方面。第一，扎根理论是一种质性研究方法，和定量研究不同，其研究对象不是量化的数据，而是描述真实社会情境的文本资料。第二，扎根理论在调查开始前不作预设，也不对现有理论进行验证，而是在数据收集完成后直接对其进行概念的整合、提取和归纳，最终形成新的理论框架。第三，扎根理论主张基于定性资料，通过质性研究的方法完成理论的构建，从而打破"质性研究仅作为量化研究的先前步骤，无法构建理论"的说法。扎根理论主张聚焦于客观事实，通过对日常发生的事件进行深入调查，进而挖掘出事物的实质，最终演化形成理论。扎根理论认为，基于真实情境提炼出的理论更贴合实际，而且通过对资料的归纳和总结，有助于形成新的概念和范畴。实际操作中，扎根理论研究方法在初期并不会参考已经提出的理论，而是经过数据收集、数据编码、概念析出和概念关系提取等步骤，构建出新的理论体系。基于此，扎根理论不是对既有理论的重复验证，而是对新兴领域的概念开发和理论完善。扎根理论研究方法具有固定的研究范式，完成资料的系统收集后，对收集到的文本数据进行编码，进而提取出核心的概念和范畴，最后根据资料对概念间的关系进行提炼，构建出理论（陈向明，1999）。扎根理论最早应用于教育学领域，随着国内外学者的不断应用和完善，如今扎根理论已经在创业研究、营销研究等诸多领域得到应用（王璐、高鹏，2010；张敬伟，2010）。和传统的量化研究相比，扎根理论在提取新概念、构建新理论等方面有独特的优势，当研究涉及较多的概念和较复杂的关系时，其优势就更为明显。此外，当既有的成熟理论难以对新出现的现象进行解释时，扎根理论可以通过语料整理和提炼，形成新的研究概念和思想（于兆吉、张嘉桐，2017）。因此，扎根理论适用于对较为复杂的社会现象进行挖掘，尤其是在现有理论无法充分解释该现象的情况下。

本书所运用的扎根理论质性研究方法由 Glaser 和 Strauss 在 1967 年提出，此研究方法依据收集到的初级数据，深入所要研究的环境与对象，利用一套系统性的方法来归纳并导出相关理论，该方法具体的操作流程见图 3-1。本书在运用此研究方法的过程中参考 Salmons（2014）的建议，先对工业互联网平台企业和工业互联网平台的用户企业的高层管理人员进行半结构化深度访谈以收集原始资料，再利用 NVivo 工具对获取的资料实施开放编码、轴向编码以及选择性编码，逐步精炼和总结出工业互联网平台企业用户价值共创行为及其影响因素。

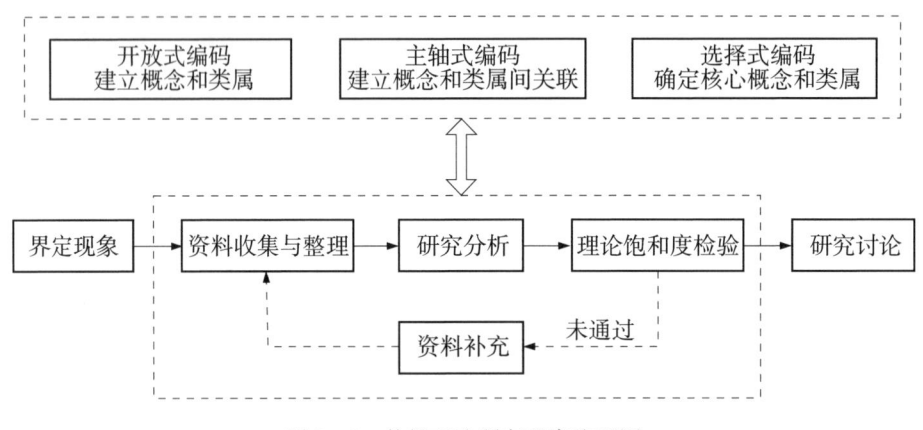

图 3-1 扎根理论研究程序流程图

3.1.3 研究资料收集

1. 访谈提纲设计

在扎根理论研究方法中，设计访谈提纲是一个体现科学性和严谨性的关键步骤。为了确保提纲的设计具有有效性和针对性，笔者采用以下步骤和方法。首先，进行文献梳理，获取关于工业互联网平台企业用户价值共创行为及其影响因素的重要见解和理论框架，为设计访谈提纲提供了理论依据和指导。基于文献梳理的结果，确定了关键词"工业互联网平台企业用户价值共创行为及其影响因素"。这一关键词成为访谈提纲设计的核心焦点，帮助笔者聚焦于研究对象的关键问题。在设计访谈提纲时，采用半结构化访谈的形式。这种形式既保留了一定的灵活性，又能确保访谈的主题和内容紧密结合。笔者通过半结构化访谈，能够获得参与者对工业互联网平台企业用户价值共创行为的深入见解，同时也允许访谈对象自由发挥，从而揭示出更多的潜在信息。为了确保访谈提纲的科学性和专业性,在初步的访谈提纲形成后,笔者邀请了价值共创行为研究领域的5位专家参与讨论,并请他们对提纲进行评审和优化。专家讨论进一步提升了提纲的质量和准确性,确保了研究的可靠性和有效性。通过上述步骤,笔者最终确定了访谈提纲。

2. 访谈对象选择和访谈实施

根据本书所描述的研究目的,笔者首先将访谈对象锁定为工业互联网平台企业和用户企业的高管人员;其次,关于扎根理论研究的样本数量,学术界目前还没有形成明确且统一的要求。Sanders认为,以3~6家企业为组合进行的扎根研究较为合适(Sanders D,1982)。笔者将样本数量定为9。此外,为了数据的丰富和全面,本书尽可能让访谈的企业涉及更多的行业,其规模涉及大型、中型和小型(参考《统计上大中小微型企业划分办法》)。

访谈的方式有线下的面对面、一对一形式,也有通过腾讯会议、微信等线上一对一形式。每次的访谈开始前两天左右,将访谈提纲发送给访谈对象,让其熟悉访谈内容,说明访谈目的。访谈过程中,以倾听为主,尽可能地让访谈对象围绕研究问题畅所欲言,充分表达其对相关问题的看法。同时,也会根据访谈的实际情况随时调整问题的顺序。每次访谈完成后,对获取到的资料展开梳理和分析,及时概括、归纳和分类新出现的观点,为下次访谈做好准备。所有的访谈均由笔者完成,保证了访谈数据收集和分析的一致性。

访谈工作集中在2022年9—10月,访谈时间最短46分钟,最长71分钟,共形成9份约12.4万字的访谈文稿。访谈问题的提纲详见附录1。受访者的基本信息统计情况如表3-1所示。

表3-1 受访者信息

企业	所属行业	受访者类型	访谈时间	企业规模
华为技术有限公司	通信业	技术主管	49分钟	大型
树根互联股份有限公司	软件服务业	技术主管	56分钟	大型
深圳市兴森快捷电路科技股份有限公司	电子制造业	管理人员	46分钟	大型
苏州罗普斯金铝业股份有限公司	工业自动化	技术主管	52分钟	大型
智能云科信息科技有限公司	机械制造业	管理人员	53分钟	中型
博依特工业互联网有限公司	信息技术服务	项目组长	68分钟	中型
广东筑智科技有限公司	建筑业	总经理	51分钟	小型

续表

企业	所属行业	受访者类型	访谈时间	企业规模
广州速威智能系统科技有限公司	信息技术服务	运营管理	71分钟	小型
浙江国创热管理科技有限公司	信息技术服务	部门经理	62分钟	小型

资料来源：笔者整理。

3.2 数据分析

在收集和整理访谈文本的过程中，笔者对文本数据中频繁出现的关键词、关键句子进行了多次拆分、对比、重组和精炼。整个扎根过程遵循 Corbin 和 Strauss 所提出的三级编码策略，即开放式编码、轴向编码和选择性编码（Corbin J M，Strauss A L，1990）。通过将收集到的资料进行编码、分解、提炼，并加以概念化、范畴化，从而形成新的概念框架并在此基础上不断完善。

3.2.1 开放式编码

开放式编码是对研究者所收集的原始访谈资料逐字逐句进行编码、贴标签，进而从原始资料中产生初始概念、发现初始范畴的过程（李文博，2013）。开放式编码的分析焦点是从第一手的原始资料中构建概念。开放式编码主要包括三个步骤：第一步，贴标签。研究人员详细剖析样本数据，在反映研究内容的句子或者重要的词语上贴标签。第二步，概念化。将第一步中贴了标签的句子或者词语进行系统的分类，并对其概念确立初步的定义，在此过程中既可以直接采用搜集的原始资料中的词句，也可以在研究人员充分理解原始资料语句的基础上重新进行命名。第三步，范畴化。在前面步骤的基础上进一步探究概念之间的联系和相似性，并将其归纳到同一范畴之内。编码过程中，为尽可能地避免研究人员的主观影响，笔者建议尽量采用受访者的原话作为标签，从中发掘初始概念。

通过开放式编码分析和多次整理、合并，并剔除低频次的初始概念，最终得到与本研究密切相关的66个初始概念，并在此初始概念之上归纳出27个初始范畴。具体编码信息如表3-2所示，笔者将分析原始数据后得到的初始范畴及其对应的初始概念进行了展示。为节省篇幅，列表中并未展示所有的原始语句。

表3-2 开放式编码结果

初始范畴	初始概念	原始语句
数据提供 B1	A1 数据需求 A2 用户数据提供 A3 工艺参数提供 A4 积极配合	为设计出符合用户业务场景需求的解决方案,用户企业的业务数据、工艺数据等资料都需要用户企业整理后提供; 当我们需要用户企业提供数据进行协助设计时,用户企业基本都会满足我们的要求,否则工业互联网平台项目没办法进行下去; 在解决方案设计过程中,用户企业会很配合地提供数据和工艺技术参数等资料以实现项目落地; 当工业互联网平台提供商需要我们提供数据进行配合时,我们会积极配合,这样才能使工业互联网平台项目顺利进行
领导负责制 B2	A5 一把手工程 A6 沟通碰壁 A7 半途而废	我们的工业互联网平台项目基本都是一把手工程,直接归总经理或董事长领导; 用户企业需要的数字化转型、工业互联网平台项目必须是一把手工程,否则很难推动项目进行下去,对日后双方的沟通不利; 如果用户企业不是由一把手直接领导,双方的前期接触过程会非常不顺畅,有些甚至会导致项目取消,半途而废
知识数据提供 B3	A8 没有担忧 A9 工业参数提供	在进行工业互联网平台项目解决方案设计时需要用户企业提供相关的业务情况; 我们会在沟通时介绍业务流程,否则平台企业的方案不一定与我们的场景匹配; 在设计解决方案时,我们会向平台企业介绍我们的业务流程,甚至是工艺流程; 不管是需要提供业务方面的数据还是生产工艺方面的数据,我们都会配合平台企业的要求
领导决心 B4	A10 裁员	有些用户企业的领导进行工业互联网平台项目的决心很大,甚至会通过裁员的方式来推动项目的开展

续表

初始范畴	初始概念	原始语句
平台安全技术 B5	A11 安全技术 A12 技术信任 A13 企业责任	不少用户企业将数据上传到阿里云、华为云，主要是基于对我们互联网技术安全性的高度信任； 我们不是不担心数据泄露，只是对平台的技术和平台企业比较信任； 用户企业签数据保密协议的另一层含义就是希望能得到平台企业对安全技术的重视； 数据保护合同会提醒平台，一旦黑客攻击成功的话，平台企业会有法律风险； 用户企业更加关注的是平台的技术安全问题
安全技术评估 B6	A14 信息安全体系审视	用户企业会对我们的信息安全管理体系进行审视； 在平台企业、用户企业沟通工业互联网平台项目时，会经常提及安全技术的问题
政策/补贴 B7	A15 补贴政策 A16 引导政策	政府鼓励企业使用互联网平台并提供补贴； 政府对企业使用互联网平台还是很支持的，也会出台一些政策； 政府采取的引导政策有多个，其中一个是政策性补贴； 政府会要求我们用户在数字化系统上填报碳排放的数量，如果没有使用互联网平台就报不了
环境影响 B8	A17 发展趋势 A18 专家宣传 A19 合作企业用平台	现在大家都在谈论工业互联网平台，感觉它是一种趋势； 我们经常去参加一些培训，很多专家也在讲工业互联网平台； 我们有些客户在使用工业互联网平台，听说还不错； 我们有些企业用户会向我们打听同行企业使用互联网平台的数量； 我们按照协议要求，不会去收集用户的数据，更不会去对客户的数据进行分析

续表

初始范畴	初始概念	原始语句
合同保护 B9	A20 企业承诺 A21 合同	对于我们平台企业来说，按照合同规定，我们只是读取数据，以不同的方式展现给用户，不能将数据做其他用途； 华为云曾明确表示，不会将用户的数据用于任何分析从而获取利益； 我们作为平台的服务商，不会刻意地收集客户的信息数据
数据分析、利用 B10	A22 数据挖掘 A23 数据价值	用户企业使用了我们的平台后可以对企业的各种数据进行分析，从而发现有利于决策的信息； 用户企业使用工业互联网平台后可以利用平台的技术来挖掘数据价值； 其实对我们这些用户企业来说，使用平台让我们对数据的利用更加充分了； 工业互联网平台对经验丰富的员工的经验管理有很大的帮助
知识上平台 B11	A24 知识保留 A25 知识管理 A26 知识处理	现在借助平台提供的技术可以将经验和知识整合在一起； 现在可以随时保留很多零散的业务技巧； 我们可以帮助用户企业用平台来管理员工掌握的知识，就算员工离职了，也不用担心技术会被带走
签保密协议 B12	A27 保密协议 A28 法律风险	平台企业跟客户都是签保密协议的，不能擅自收集数据； 数据链的传输都是有保密协议规定的； 平台企业与用户企业双方之间肯定会就数据安全签保密协议； 对于保密条例性的签署，律师团队要求很严格
方案设计沟通、交流 B13	A29 多轮沟通 A30 交流互动 A31 解决方案 A32 不断交流	对初始产品不满意的话，平台与用户双方可以协商解决方案的定制化设计； 在解决方案设计过程中，需要我们跟用户企业的不同部门交互，了解对方需求； 解决方案的设计沟通是多次的，直到最后设计完成； 我们会向平台企业及时了解解决方案设计的情况，及时提出我们的要求； 用户企业会通过线上或线下的方式对方案的改进与平台企业进行交流

续表

初始范畴	初始概念	原始语句
员工素质 B14	A33 员工态度 A34 员工的能力 A35 员工学历	有时员工无法胜任相关的岗位，导致项目无法落地； 我们有些用户企业的一些管理层人员可能只有高中学历，这对企业使用平台会有不小影响； 有些企业用户的管理层人员连电脑都不太会用，甚至连 Excel 都不会用
数据打通集成 B15	A36 软件集成 A37 数据打通集成 A38 数据处理	我们比较关心的是平台企业能否将用户企业现有的各软件的数据打通； 新增其他的信息化软件，需要数据打通集成等； 很多数据都不一样，不知道平台企业能否处理
功能可实现性 B16	A39 需求实现 A40 功能需求 A41 抓取信息	用户企业比较在意平台的各种模块功能能否实现其需求； 其实总体来讲，我们作为用户企业，还是关心平台能不能实现功能上的需求； 我们关心的是，监控人员能否通过平台操作界面迅速抓取到设备故障信息
软件功能实现 B17	A42 行业模型设计经历 A43 配套硬件研发 A44 软件供应商	有过同行业模型设计经历的提供商所提供的模型更准确； 能够同时提供软件和硬件的供应商有助于开展业务； 我们更喜欢跟那些同行业的软件供应商交流，只要一说，对方就明白我们需要什么样的模块组件
企业责任 B18	A45 责任规定	按照保密协定，平台企业有责任保护好用户数据
软件操作 B19	A46 操作优化 A47 一键操作 A48 操作优化	用户企业经常提出一些操作性方面的需求； 我们希望下发的文件和订单能够一键直接转入内部系统； 在给用户企业培训时，对方经常要求简化界面； 在对解决方案进行后期优化时，更多的是针对操作性的
硬件基础 B20	A49 基础设施	有些用户企业的基础条件不好，使用平台后带来的收益没有预期的好，甚至会冲击原有流程； 要使用工业互联网平台，其实还是需要企业有一定的硬件条件

续表

初始范畴	初始概念	原始语句
模型识别能力 B21	A50 信息识别 A51 功能强大	用户企业关心平台信息识别功能是否强大，会不会出错； 像我们这种机械设备生产企业，如果模型有问题的话，我们就难以对设备进行科学管理，导致损失； 用户企业的一些决策信息是由我们提供的，所以功能必须强大
领导层的支持 B22	A52 领导推动 A53 老板支持 A54 领导认知	必须有高层的领导负责推动，否则与各个部门沟通协调起来非常麻烦，造成项目难以落地； 成功的关键还在于用户企业的老板是否支持，是否认识到工业互联网平台的重要性； 我们领导很重视工业互联网平台，很多决策都是他直接做出的
界面操作性 B23	A55 界面操作 A56 界面操作升级 A57 界面显示	用户只要在平台界面点击相应的按钮就可以实时掌控生产情况； 随着用户企业管理更加精细，不断改进工艺流程，对系统的界面操作需求也会改变； 如果用户企业在使用当前的系统操作应用时存在障碍，平台企业就会做二次开发； 界面显示、操作流畅性能不能满足需求等是平台的一个特色
知识复用 B24	A58 工艺改进 A59 知识提炼 A60 知识软件化	好的解决方案可以帮助我们提炼知识、改进工艺； 我们成立了专门的团队，通过平台将经验和一些零碎的知识原理整合成一个个程序，方便管理和使用
软件可操作性 B25	A61 界面布局 A62 操作优化	有用户反映系统不好用，模块界面设计不合理； 后期的维护主要是对操作的优化
资金保障 B26	A63 关注价格 A64 舍得花钱	若用户企业资金不到位，顾虑使用互联网平台的费用，项目将无法继续； 其实企业考虑是否使用互联网平台取决于价格以及资金是否充足； 资金有保障的企业，项目推动起来就非常顺利，比较容易落实

续表

初始范畴	初始概念	原始语句
参与意愿 B27	A65 愿意合作 A66 积极考虑	如果经过交流和考察,确定平台企业的平台确实好,我们当然愿意合作; 现在大家都在说企业数字化转型,我们肯定也有考虑,也有这样的想法

资料来源:笔者整理。

3.2.2 主轴式编码

主轴式编码是在开放式编码结果的基础上,对已经经过一次编码的数据进行进一步的分析,其主要目的在于发现初始范畴之间的潜在逻辑联系,发展主范畴及副范畴(张镒等,2020)。需要注意的是,在该阶段的主轴式编码并不是要把各种范畴联系起来,去构建一个全面的研究理论框架,其本质仍然是发展范畴,只是比开放式编码更进一步;或者说主轴编码是对经过开放式编码后的数据的再分析。不同于开放式编码的是,主轴编码经过前一次编码后,思路进一步清晰,且是在初始范畴上发掘范畴间隐含的逻辑关联,以便发展出主次类别。

本书的扎根研究分析,是通过对各初始范畴间的层次关系和逻辑关系进行分析,最终形成了10个主范畴以及17个子范畴。其中,主范畴包括以下几个方面:感知数据保护技术有用性、感知数字化模型易用性、感知数字化模型有用性、契约控制、社会影响、高管支持、价值共创意愿、便利条件、数字能力共建、方案共同设计;子范畴包括以下几个方面:安全技术可靠性、软件/系统易操作性、软件功能、模型能力、契约保护、责任约定、政策、社会影响、领导层主导、互动意愿、软/硬件条件、经济条件、数据/知识共享、方案设计对话、数据挖掘应用能力、知识数字化能力。经过主轴式编码后,本书不仅在初始范畴上发掘出范畴间隐含的逻辑关联,且对每个范畴都给出了概念内涵。具体含义如表3-3所示。

表3-3 主轴式编码结果

主范畴	子范畴	初始范畴	范畴内涵
D1 感知数据保护技术有用性	C1 安全技术可靠性	B5 平台安全技术 B6 安全技术评估	用户对平台在技术层面对数据实现安全保护能力的判断
D2 感知数字化模型易用性	C2 软件/系统易操作性	B25 软件可操作性 B19 软件操作 B23 界面操作性	用户对服务提供商所提供的数字化模型的操作难易程度的感知

续表

主范畴	子范畴	初始范畴	范畴内涵
D3 感知数字化模型有用性	C3 软件功能 C4 模型能力	B16 功能可实现性 B17 软件功能实现 B21 模型识别能力	服务提供商所提供的数字化模型的功能对实现用户功能需求目标的程度
D4 契约控制	C5 契约保护 C6 责任约定	B9 合同保护 B12 签保密协议 B18 企业责任	用户以签订契约的方式明确平台导致用户数据损失的处罚； 平台对保护用户数据安全的责任
D5 社会影响	C7 政策 C8 社会影响	B7 政策/补贴 B8 环境影响	政府对企业使用平台的鼓励政策； 企业对于是否使用平台所受到的来自企业和政策以外的影响
D6 高管支持	C9 领导层主导	B2 领导负责制 B4 领导决心 B22 领导层支持	为实现企业数字化转型，领导展现出来的决心和毅力
D7 价值共创意愿	C10 互动意愿	B27 参与意愿	企业对使用和参与工业互联网平台互动的意愿
D8 便利条件	C11 硬件条件 C12 软件条件 C13 经济条件	B14 员工素质 B15 数据打通集成 B20 硬件基础 B26 资金保障	企业用户使用平台或数字系统所具备的人、财、物等方面的条件
D9 方案共同设计	C14 数据/知识共享 C15 方案设计对话	B1 数据提供 B3 知识数据提供 B13 方案设计沟通交流	企业用户协助服务提供商实现解决方案设计过程中根据需要而提供数据的行为； 企业用户和服务提供商围绕解决方案的设计进行的一系列沟通、交流
D10 数字能力共建	C16 数据挖掘应用能力 C17 知识数字化能力	B10 数据分析数据利用 B24 知识复用 B11 知识上平台	企业用户借助数字技术对内外数据进行挖掘和分析以指导决策； 企业用户借助数字技术将知识、经验以及工业原理等资源进行数字化

资料来源：笔者整理。

3.2.3 选择式编码

选择式编码是在主轴式编码的基础上对编码内容进行进一步的整合，以处理范畴与范畴之间的关系。在这一步的编码中，研究者从已得到的主范畴中提取"核心范畴"，并深入分析核心范畴和主范畴以及其他范畴的关系，然后以"故事线"为典型的关系结构对核心范畴与主副范畴的联结关系进行分析，从而搭建出新的理论框架。本书涉及的选择式编码结果如表3-4所示。笔者基于该阶段的编码结果构建了工业互联网平台企业用户价值共创行为及其影响因素的扎根理论模型（图3-2）。同样，笔者也对在扎根研究中所得到的主范畴进行提取，并对提取出的"核心范畴"进行概念界定。

表3-4 选择式编码结果

核心范畴	主范畴	主范畴内涵
价值共创行为影响因素	感知数据保护技术有用性	企业用户对平台提供商的网络技术对其数据安全保护所感知到的有用性
	感知数字化模型易用性	企业用户所感知到的服务提供商针对其业务场景所提供的定制化数字化模型的操作的容易程度
	感知数字化模型有用性	企业用户所感知到的服务提供商针对其业务场景所提供的定制化数字化模型的功能满足其需求目标的程度
	契约控制	企业用户以签订契约的方式明确平台导致用户数据损失的处罚
	社会影响	企业用户使用互联网平台时受到的来自企业之外的影响
	高管支持	企业用户考虑是否使用工业互联网平台时所得到的来自企业管理高层的支持
	便利条件	企业用户使用数字化平台时现有的组织及已有的设施对其提供支持的程度
	价值共创意愿	企业用户对使用和参与工业互联网平台互动的意愿
价值共创行为	方案共同设计	围绕解决方案设计，企业用户和服务提供商进行的一系列的沟通、交流、资源提供/共享行为
	数字能力共建	企业用户基于平台提供的数字技术而拥有大数据能力和知识沉淀复用能力

资料来源：笔者整理。

围绕"工业互联网平台用户价值共创行为及其影响因素"这一"故事线",工业互联网平台企业用户参与工业互联网平台的价值共创行为有方案共同设计和数字能力共建这两个维度。而这两种共创行为的实施受到来自感知数据保护技术有用性、感知数字化模型易用性、感知数字化模型有用性、契约控制、社会影响、高管支持、价值共创意愿、便利条件等因素的影响。具体"故事线"如图 3-2 所示。

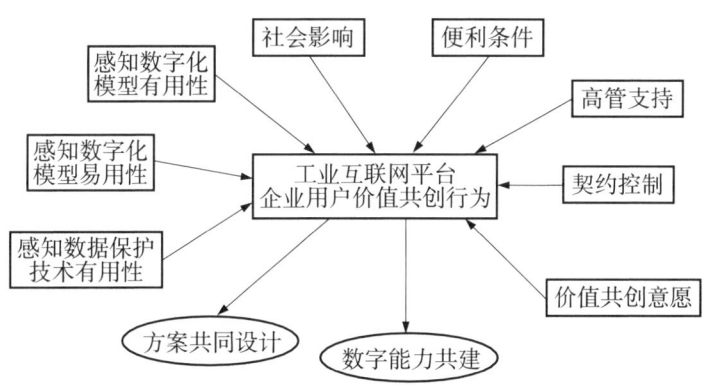

图 3-2　企业用户价值共创行为及其影响因素扎根理论模型

3.2.4　理论饱和度检验

对于应用扎根理论进行研究的过程中进行的理论饱和度检验,学者们普遍通过对预留的数据再次进行分析来实现,即对预留的样本进行相同程序的分析,看能否在新的样本数据中提取和归纳出新的概念和范畴。当研究再也不能从新的样本中提取和归纳出新的且与研究紧密相关的新概念和新范畴时,则可认为达到了理论饱和。根据此原则,笔者在完成三级编码后,对预留的 3 家企业的数据再次进行扎根分析。分析之后,没有发现新的概念和范畴,这说明本书的编码结果与构建的模型在理论上是饱和的。

3.3　用户企业价值共创行为及其影响因素识别结果和阐释

由上文企业访谈数据的扎根分析结果可知,企业用户参与工业互联网平台价值共创的行为有方案共同设计和数字能力共建这两个维度;企业用户参与价值共创行为的影响因素主要有感知数据保护技术有用性、感知数字化模型易用性、感知数字化模型有用性、社会影响、高管支持、便利条件、契约控制和价值共创意愿。

3.3.1 用户企业价值共创行为

方案共同设计是指围绕解决方案的设计，工业互联网平台企业用户和服务提供商所进行的一系列的沟通、交流、资源提供/共享行为，主要从对话和数据提供/共享这两个维度展开。工业互联网平台既有其特殊性，也与虚拟社区、电商、出行等消费互联网平台有着诸多共同之处，都遵循平台经济的一般规律。因此，在参考消费互联网平台领域的价值共创行为研究成果的基础上，笔者首先从理论角度对工业互联网平台用户的价值共创行为进行深入分析。其次，工业互联网平台用户价值共创实现的核心在于满足用户业务场景需求的解决方案。通过对多家工业互联网平台用户企业的调研可知，企业用户的工业互联网平台解决方案可以分为两种：一种是标准化的工业互联网平台解决方案，另一种是定制化的工业互联网平台解决方案。由于制造业中业务场景差异较大，标准化的工业互联网平台解决方案难以满足用户需求，绝大多数用户会要求服务提供商在标准化解决方案的基础上进行二次开发和设计，甚至是重新开发。因此，本书暂不考虑标准化的工业互联网平台解决方案，在下文中用工业互联网平台解决方案来指代二次开发和设计或重新开发和设计的解决方案。在对用户企业价值共创行为进行探索时，学者们强调用户参与对价值共创的重要性，没有用户的参与互动就谈不上价值共同创造，互动是行为的轨迹（贺爱忠、易婧莹，2019）。学者基于不同的研究情境和对象将用户价值共创行为划分为不同的维度，代表性的研究成果有 Yi 和 Gong 提出的参与行为和公民行为理论，以及 Prahalad 和 Ramaswamy 提出的价值共创 DART 模型，后来的学者对用户价值共创行为的研究大多基于上述成果展开。如迟铭等在研究中就将知识贡献作为用户价值共创行为构成维度之一（迟铭、毕新华、徐永顺，2021），王琼英和唐代剑将集群企业间的价值共创行为划分为参与行为和贡献行为。一方面，工业互联网平台解决方案的设计不是一蹴而就的，而是一个包含设计、反复调试、落地应用等步骤的复杂过程，在这个过程中用户必须积极配合服务提供商，即提供数据以协助服务提供商完成满足用户业务场景解决方案的设计。笔者基于上述分析和参考现有的研究，引入数据提供/共享作为方案共同设计的构成维度之一，体现用户投入自身资源以达到期望结果的一种信念和行为。另一方面，在工业互联网平台解决方案项目启动之初，服务提供商通过线上线下的方式和用户企业各部门相关人员进行沟通、交流，了解用户业务场景的功能需求、员工操作需求等，用户会通过线上或线下的方式对方案的设计和改进进行交流，经过来回多次的沟通交流，最终形成一个落地解决方案。

数字能力共建是指企业用户基于工业互联网平台所构建的知识沉淀与复用的数字能力以及大数据挖掘与应用能力。能力的构建过程也是企业用户参与价值共创的过程。资源编排理论认为，企业需对资源和能力进行有效的配置、组合和利用，以提升其创造价值的能力（Sirmon D G H M A L，2011）。在数字时代，传统制造企业利用工业互联网平台进行数字化转型是实现高质量发展的关键（马鸿佳、王亚婧、苏中锋，2022）。戚聿东认为，在数字化背景下，数智制造等新兴数字化生产方式逐渐普及，传统制造企业为适应数字化变革，需要在原有的生产制造能力的基础上引入先进的数字技术，进行数字化改造（戚聿东、杜博、温馨，2021）；传统制造企业在生产运营、市场销售、原料采购等环节的活动会产生海量的数据，这些数据种类繁多，更新速度快，且蕴藏了许多有价值的信息，只有运用相关的数字技术才能更好地发掘这些数据"宝藏"。然而，传统制造业也存在数据收集能力差、数据信息积累少、数据分析和处理能力差、数据挖掘能力有限等问题，这些都影响了制造企业的转型升级（霍媛媛，2019）。制造业企业在长期的工业实践中，在满足不同行业需求、在不同工厂进行生产和操作不同设备的过程中，积累了丰富的经验和工业知识/原理。理论上，这些知识能够对生产现象进行准确描述和有效分析。然而，受限于技术条件，部分知识转化为"生产经验"，而其他部分可能被忽视或在传承过程中丢失。因此，在传统制造业企业中，知识传承通常以"师父带徒弟"的形式进行。在这个过程中，经验丰富的员工以一种低效、隐秘的方式将其技能传授给新员工，为保证自己拥有的知识的稀缺性而选择性地传授经验技术，由此造成企业员工技术水平增长缓慢、生产过程效率低下。与此同时，大多情况下，企业只有极少员工拥有系统化的理论基础，这种经验式的知识在传递过程中，难以被顺利地描述出来，这导致经验丰富的员工在工作中累积的知识在传播中发生耗损。而借助工业互联网平台提供的数字技术，具有丰富行业知识和经验的企业员工就可以将技术原理、行业知识、基础工艺等规则化、软件化、模块化，并封装为可重复使用的组件发布在平台上，有需求的用户通过即插即用的方式可获取所需组件用于管理自身知识体系，实现知识资源的数字化，进而构建知识沉淀与复用的数字能力；同理，企业用户借助工业互联网平台提供的工业大数据分析模型使企业具备数据收集、分析和处理、挖掘等能力,以此构建自身的工业大数据挖掘与应用能力。

3.3.2 数字化模型及其主要影响因素阐释

1. 数字化模型

从功能结构的角度来看,工业互联网平台自下而上可分成边缘层、基础设施层、平台层和应用层。平台层集成了各种用于提供服务的数字化模型,是工业互联网平台的核心(胡汝银,2020)。数字化模型作为工业互联网平台核心关键要素,是基于微服务架构构建的数字化工具,用于描述物理世界中发生的事件及其原因和未来发展,从而指导科学决策(邵占鹏,2021)。为了实现工业互联网平台各模块数据的整合,将人员、流程、数据、设备和事物等各方面相互连接,平台必须具备丰富的工业知识和经验,并以数字模型的形式不断积累和展示这些工业要素。平台技术仅作为支撑,而工业大数据的集成、管理和价值挖掘才是实现实际应用的基础。工业软件背后的工业数字化模型是平台增值和创收的核心。从某种意义上来说,工业互联网平台最基本的逻辑和本质就是"数据+数字化模型=服务"(李继庚、刘焕彬、洪蒙纳等,2020)。数字化模型是一种机理模型,或称为白箱模型,包括基础理论模型、流程逻辑模型、部件模型、工艺模型、故障模型、仿真模型等(物联研究,2018)。它是从业务逻辑出发,基于因果关系,将各种经验、知识或者各种方法通过不同的编程语言、编程方式固化成一个个数字化模型加以呈现并用于人机交互。李伯虎等认为,工业平台数字化模型的建立就是制造企业依托平台将行业原理、基础工艺、业务流程、专家经验等共性技术进行知识代码化、组件化、模型化,以数字化模型的形式积累和呈现,并按需共享(李伯虎、柴旭东、刘阳等,2022)。随着大数据技术的发展,包括数据分析模型、机器学习模型等在内的大数据分析模型也被纳入数字化模型之中。大数据分析模型的侧重点是基于数据本身的数据分析模型,关注数据间的相关关系。

从上述分析可知,工业互联网平台是数字化模型功能的外在呈现。通过对工业技术原理、行业知识、基本工艺等进行规范化、软件化、模块化处理,可将其封装为可重复使用的组件和系统,如通用类业务功能组件、工具类业务功能组件、工业场景类业务功能组件等,部署在工业互联网平台的应用层以供用户互动。数字化模型主要包括两大类：一类是基于工业技术原理、生产工艺、行业知识和专家经验等构建的工业机理模型，另一类是基于工业数据本身相关性构建的工业大数据分析模型。当工业 PaaS 平台上拥有众多包含工业技术、知识、经验和方法的微服务架构数字化模型时，它们将以工业 App 和组件等形式呈现在应用层，实现用户快速、灵活的调用。因此，数字化模型的价值体现在状态感知、实时分析、科学决策和精准执行上，而工业互联网平台正是提供这些数字化模型的平台。

2. 主要影响因素

感知数据保护技术有用性指的是工业互联网平台企业用户所感知到的平台企业的安全技术能保护其数据安全的程度。在网络环境下，技术风险其一是系统设计不规范，易遭受黑客攻击，导致数据被篡改、盗用；其二是技术人员操作不规范或技术不过关，导致数据外泄，主要表现为数据安全问题。无论是对用户还是对平台企业来说，信息丢失、隐私泄露、机密曝光等都会带来严重的困扰，甚至是造成重大的损失。通过网络技术手段对用户交易数据完整性、机密性、可用性以及隐私等进行保护是当前最有效且唯一的措施，同时，保护技术的有效性也反映了平台的网络安全技术能力（杨姗媛，2015）。在工业互联网平台价值共创中，其核心资源是数据资源和知识资源，如生产经营、设备、外部业务等各类数据以及工业知识、技术原理等。在大数据时代，数据已经成为企业重要的资产和生产要素，同知识一样是企业的核心竞争力。当用户在工业互联网平台上与平台企业或第三方用户进行互动时，数据（包括知识数据）能否得到安全保障是其关注的焦点之一。数据安全保护技术被认为是客户信任度、满意度和忠诚度的前因变量（Peikari H R，2010），因此，工业互联网平台企业能否为其用户提供可靠的数据保护技术，以保护用户在工业互联网平台价值共创过程中数据的安全，对用户平台价值共创行为有着重要影响。

感知数字化模型易用性是企业用户感知到的使用工业互联网平台服务提供商所提供的软件、操作系统/功能模块/组件等所需付出的努力的程度，即使用工业互联网平台系统功能的容易程度，具体表现为操作的复杂性和操作的难易程度。数字化模型是通过数字的形式建立起来的对物理世界现象发生的原因进行描述和预测的模型（Ardolino M，Rapaccini M，Saccani N，et al.，2017），最终，它以可供人们通过人机互动的方式对其进行操作的软件、系统

/系统的模块组件等形式展现出来。在 UTAUT 模型框架中，学者们常用努力期望来描述用户对使用某项新信息技术容易程度的感知。工业互联网平台是一个庞大的复杂系统，能为不同的用户提供不同的功能需求，对于企业用户来说，其关心的是其所用的那一部分的功能模块或者软件/系统的复杂程度和操作性。在一些定制化的方案设计过程中，服务提供商往往会针对用户的现实场景，尽可能优化系统操作，尽量实现"一键生成"的功能以满足企业用户员工的操作需求。Hussain 等人认为，当企业用户员工认为操作系统的使用流畅性具有较大挑战或企业用户需要付出较大人力和时间成本对员工进行操作培训时，会对平台的使用带来较大阻碍，以致失去企业用户的青睐（Hussain M F B M, Raghavan S, 2017）。

感知数字化模型有用性表现为用户感知到的工业互联网平台为企业用户提供的软件、操作系统/功能模块/组件等能满足企业用户功能需求的程度。通过工业互联网平台提供的各种数字技术对已有资源进行挖掘和进一步利用是平台企业用户的基本诉求，也是其最重要的功能需求。对工业互联网平台生态系统来说，其核心资源主要包括两类，一类是数据资源，另一类是知识资源。考虑到知识的本质来源，在此统称为数据资源，也就是说，工业互联网平台的核心资源就是数据。数据是工业互联网平台实现价值创造的基础资源，主要包括各种工业原理、知识、经验以及生产经营相关业务数据、设备物联数据、外部数据等。由上述分析可知，工业互联网平台最基本的逻辑和本质就是"数据+数字化模型=服务"。其中数字化模型既包括基于工业技术原理、生产工艺、行业知识和专家经验构建的工业机理模型，也包括基于工业数据本身相关性构建的工业大数据分析模型。因此，工业互联网平台要实现企业用户的需求，则平台所提供的工业机理模型和工业大数据分析模型必须完成用户的各种业务的功能要求。

社会影响指企业用户在意的且对其决策具有影响的人或事物，包括专家学者、同行企业、国家或地方政策以及媒体宣传等，对企业用户是否接受和使用工业互联网平台进行价值共创的影响程度。若这些因素都期望并支持企业参与工业互联网平台的互动，企业可能会提高使用意愿。社会影响的概念来自心理学，学者常常从心理学的角度解释人的行为。行为科学认为，个体通常会参考其所处的社交互动网络来改变自身观念和行为模式。Deutsch 和 Gerard 认为社会影响主要有规范性社会影响和信息性社会影响（Deutsch M, Gerard H B, 1955）。其中，规范性社会影响指个体为获得他人认可或尊重而表现出的附和的行为；信息性社会影响是指个体将从他人处获得的信息作为行为决策依据。Venkatesh 等人认为，社会影响在 UTAUT 模型中具有重要的作用，并指出：社会影响是指个体或组织认为重要的人或其他组织等相信其有必要采用新兴信息技术或系统的程度。社会影响可以用 TRA、TAM2、TPB/DTPB 等模型中的主观规范、MPCU 模型中的社会因素和 IDT 模型中的形象这三个要素来解释。

高管支持表现为工业互联网平台企业用户的高层管理者基于对工业互联网平台的认可和重视，进而为组织使用工业互联网平台和参与的价值共创活动所采取的决策和行为。已有的研究大多认为组织的高管主要包括企业的 CEO、公司各个部门的经理，或是各个部门的高层管理人员（Ragu-Nathan B S, Apigian C H, Ragu-Nathan T S, et al., 2004）。在大数据时代，随着数字经济的崛起，企业组织中出现了数据首席官这一高层管理职位，该职位的主要工作是对大数据进行管理。高管支持的内涵重点涉及态度和行为这两个方面（Lasher D R, Jarvenpaa I S L, 1991）：态度上表现为高管基于自身对事物的认知而展现的一种态度倾向和安排，如承诺、认可"意见或愿望"（Liang H, Saraf N, Hu Q, et al., 2007）；行为上则侧重于具体的管理实施行为对事物进展的直接支持和推动，如参与、提供帮助等（Liang H, Saraf N, Hu Q, et al., 2007）。总的来说，高管支持首先是高管对事物的高度认可和肯定，重点在于对事物的认知和重视程度。其次是参与和支持。上述观点在访谈中也得到了相关人员的支持。需要指出的是，此处通过扎根方法得出的"高管支持"中的"高管"与收集数据时访谈对象所提及的"高管"有所区别。收集数据时，为了更加全面地收集企业用户数据信息而将平台企业高管作为访谈对象。

便利条件指的是企业用户对组织及现有设施采用新信息技术的支持程度（刘炜，2015）。工业互联网平台作为一种提供和部署数字化模型服务、助力企业用户实现数字制造资源的泛在连接的数字化平台，要使用它需要企业用户具有一定的支持条件。便利条件是整合技术接受和采用模型（UTAUT）中重要的变量之一，它强调的是企业用户对组织及现有设施采用新信息技术的支持程度，总体可概括为人、财、物三方面的条件。首先，是人的条件。工业互联网对企业原有的商业模式、业务流程和操作方法产生了颠覆性影响，因此企业需广泛吸纳高端技术与管理人才，并在很大程度上提升现有的员工的综合素质，相应的专业技术人才的保障对企业用户能否顺利推进工业互联网平台的使用进程影响重大。其次，是财和物的条件。传统制造业企业借助工业互联网平台实现数字化转型需要大量的资金投入，一方面，企业用户使用工业互联网平台提供的各类数字化模型系统的服务需要支付相应的使用费用；另一方面，企业用户需要进行较大量的投资以配套相应的设施及设备。如果企业用户对工业互联网平台相关便利条件的感知完整性较高，其使用意愿也相应地较强。

契约控制强调合作过程中采取机会主义行为的任一方将面临的财务或其他形式的严格惩罚。从交易成本的角度来看，契约控制通过明确合作各方的权利和义务，加大了对契约生效期间各方道德风险行为的监督力度，降低了潜在的非法挪用、损害合作伙伴利益等机会主义行为发生的可能性，降低了企业间合作的交易成本（邓程、杨建君、刘瑞佳，2020）。从法律层面来说，通过正式契约对合作成员的责任和义务进行详细的规定，来监督和约束彼此的行为，避免各种利益冲突，是合作各方进行自我利益保护的重要手段。从企业用户的角度而言，数据安全风险主要来自两个方面，一个是技术安全风险，另一个是非技术方面的风险。如上述所分析的那样，技术上的安全要依赖工业互联网平台提供的安全技术保障，而非技术层面的风险主要表现为合作伙伴的非法行为，如数据非法牟利、泄露等。作为数据的共享方，工业互联网平台用户重要的数据保护手段就是契约控制，正如受访者所言，"一旦决定使用某工业互联网平台或者数字系统，就必须先与平台企业签订数据保密协议"。因此，本书提及的契约控制强调对利益相关方数据安全的保护。

根据价值共创理论，价值共创意愿反映的是行为主体愿意主动付出时间、精力等成本参与利益相关者间的互动以实现自身价值主张的行为倾向。在心理学领域，所谓"意愿"指行为主体在应对和解决客观问题时所采取的行动方式，这种方式通常表现为行为主体的愿望、期盼、希望与强烈渴求等行为反应倾向。Fishbein 和 Ajzen 的研究发现，行为意愿表示行为主体在使用某一特定信息技术或系统时主观意愿的强度（Fishbein M A I，1975）。数字经济背景下，企业用户希望通过使用工业互联网平台实现数字化转型和降本增效，而这种希望驱动企业用户有主动投入相应的时间、精力以及资金等成本去使用平台的倾向或意愿。换言之，企业用户使用平台的意愿正是其数字化转型和降本增效价值主张实现的行为意愿的反映。其中，对平台的使用即意味着与平台的互动。正如刘源等人所认为的，价值共创的实现需要一个渠道，这个渠道就是互动，例如货运平台的用户价值共创包括进入阶段、连接阶段、货运阶段和支付阶段，但每个阶段的本质都是利益相关者间的互动（刘源、张芳芳、宋志刚等，2020），或人机互动，或人际互动，又或是产品互动（王永贵、马双，2013）。这就是说，用户使用平台或某一特定信息技术、系统，就是希望通过与利益相关者进行某种互动实现其价值主张。因此，从某种层面上说，用户的使用目的在于参与互动，互动是使用目的的具体形式，使用意愿就是其互动意愿。在网约车平台用户价值共创的研究中，左文明也强调了顾客接受和使用网约车平台的意愿也是顾客希望实现其价值主张的互动意愿（左文明、黄枫璇、毕凌燕，2020）。而互动是价值共创的行为轨迹，根据朱勤等人的观点，价值共创行为和互动可视为同一概念，没有必要特意区分（朱勤、孙元、周立勇，2019）。正如 Vargo 和 Lusch 在对服务主导逻辑进行综述研究时所阐明的，价值共创意愿就是利益相关者之间的互动意愿（Vargo S L, Lusch R F, 2012）。因此，笔者认为，价值共创意愿是企业用户为实现其价值主张而主动投入时间、精力以及资金等相关成本使用工业互联网平台和参与相关互动的意愿。

第4章 研究假设和模型构建

本章在第3章的研究基础上,进一步推导研究中变量间的关系,提出相关假设,进而构建工业互联网平台企业用户价值共创行为影响的研究理论模型。此外,为方便后续研究,本书基于前文对各变量内涵的阐释,参考洪学婷等学者的研究(洪学婷、张宏梅、张业臣,2021),将感知数据保护技术有用性、感知数字化模型易用性和感知数字化模型有用性归纳为平台因素,将社会影响归纳为社会因素,将高管支持和便利条件归纳为企业用户因素。

4.1 平台因素、社会因素、企业用户因素与价值共创意愿

4.1.1 感知数据保护技术有用性与价值共创意愿

工业互联网平台给企业用户带来了经营成本的降低、工作效率的提高和数字化能力的提升,同时带来了数据安全的问题。数字时代,数据作为企业的核心资源,其安全问题也是企业关注的焦点之一。大量研究指出,数据安全问题是影响企业接受和使用工业互联网平台的一项重要因素。因此,笔者认为,感知数据保护技术有用性说到底是用户感知到的平台从技术层面为工业互联网平台企业用户的数据提供的"防火墙",关乎技术安全保障的问题。工业互联网平台涉及企业大量的数据,这些数据一般涉及工业企业的知识产权和商业机密等,一旦出现数据丢失、泄露或曝光等情况都会给用户、企业等带来重大的损失。

国内外已有研究发现,就用户采纳新型技术的意愿来说,其中重要的影响因素之一就是信息、数据的安全问题,用户感知到的数据安全性对用户的使用意愿具有重要作用。Sun 等人通过内容分析法探讨了影响组织采用大数据的关键因素,研究发现数据安全与隐私问题是组织是否使用大数据技术的关键影响因素之一(Sun S C C G J, 2018)。Hadwera 等人研究发现,用户对数据的安全感越足,其采用云计算技术的意愿越强烈(Aah A,Mtb C,Dan G

D，et al.，2021）。Asiaei 和 Rahim 同样对企业采纳云计算技术的关键因素进行了预测，他们基于马来西亚中小企业的数据展开研究，结果表明，安全顾虑导致用户拒绝采用这一技术的意愿增加（Asiaei A，Rahim N，2019）。Maroufkhani 等人基于伊朗 171 家制造公司的数据，验证了不确定性和不安全性对大数据分析技术采纳意愿的负面作用（Pm A，Mltbc D，Mi E，et al.，2020）。郑准等基于组织层面技术采纳的"技术—组织—环境"TOE 分析框架，构建了制造企业工业互联网平台使用意愿的概念模型，他们发现，从技术层面保护用户数据信息的安全对用户的使用意愿有正向影响（郑准、张凡、王国顺，2022）。吴金艳等认为，用户数据信息泄露事件、黑客网络攻击事件频繁发生极大地影响了用户使用平台体验感（吴金艳、陈琦，2022）。卢祖丹认为，只有当数据分享行为实现了平台用户的价值主张并且共享的数据得到了很好的安全保障时，其行为意愿才会得到激励（卢祖丹，2022）。因此，基于上述分析，笔者提出以下假设：

H1：感知数据保护技术有用性正向影响工业互联网平台企业用户价值共创意愿。

4.1.2 感知数字化模型易用性与价值共创意愿

感知数字化模型易用性主要体现在企业用户所感知到的采用新信息技术所需投入的努力的程度，即认为新信息技术使用的便利程度，也就是用户使用新技术时所感知到的系统操作的复杂性和简单性，如果工业互联网平台在功能和易用性等方面做得越好就越容易赢得用户的青睐。徐永顺认为，过于复杂的新技术需要企业付出巨大的时间和金钱成本来完成对员工的培训，这会大大提高企业使用新技术的难度，从而降低企业的使用意愿；反之，新技术更容易被企业接受和使用。正如 Yang 等人所提出的那样，尽管有些新技术发展迅速，甚至被认为是重要的，但是其复杂程度会直接影响企业的使用态度（Yang R，Wakefield R，Lyu S，et al.，2020）。

大量国内外学者的研究表明，UTAUT 模型中的易用性是使用意愿的直接决定因素之一，且对于用户来说是否接受和使用某项新型技术会考虑该技术的操作性，越是容易操作和上手则越容易被使用。在探索用户对物联网技术的使用意愿研究中，吴亮等人的研究就证实了物联网技术的易用性对用户的使用意愿具有正向影响（吴亮、邵培基、盛旭东等，2012）。Bagozzi 与 Warshaw 认为，一旦用户认为系统的操作流程过于复杂、繁琐，需要花费一定的时间去掌握这些"毫无意义"的技术,那么用户的使用意愿就会大大降低(Bagozzi R P,Warshaw P R,1992)。郑勇华等人的研究发现,使用工业互联网平台要求企业员工具备一定的素养,因为相关的使用环节的操作具有一定的挑战性,在一定程度上不利于工业互联网平台的快速普及。换句话说,如果企业用户感知到工业互联网平台操作更为简便,那么其对使用工业互联网平台的态度将更为积极,参与价值共创的互动的主动性更强。从本质上来说,工业互联网平台是汇聚"数据+数字化模型"的数字平台,工业互联网平台的操作性感知就是用户对平台提供的各种系统、模块和软件等数字模型的应用和操作性的感知。因此,基于上述分析,笔者提出以下假设:

H2:感知数字化模型易用性正向影响工业互联网平台企业用户价值共创意愿。

4.1.3 感知数字化模型有用性与价值共创意愿

根据 Davis 在技术接受理论模型中对有用性的定义可知,感知有用性是指用户或企业预期所感知到的在组织内部中使用某创新性技术可以帮助其达到目的的程度。马云提出了一种愿景:"实现全球商业无壁垒"。这一目标得以实现的关键因素在于阿里巴巴所具备的卓越技术实力。通过技术的运用,阿里巴巴助力大量实体中小企业打破传统空间局限,为供应和需求方搭建了高效互动的桥梁,从而推动了商业合作的达成,实现供需双方资源匹配和对接的需求。早在技术接受理论提出之前就有学者提出有用性认知对系统的重要影响。如 Schultz 和 Slevin 在分析了影响系统使用意愿的 67 个因素之后发现,有用性因素对于用户的使用影响是最为明显的(Schultz R L S D P,1975),后来的学者也同样发现有用性与新系统或新技术的使用意愿具有很强的相关性,且进一步提出,一旦新技术或系统不能帮助用户实现其价值主张就不会被接受和使用。自技术接受理论模型提出以来,感知有用性始终被认为是影响组织以及个人技术使用态度和意愿的重要因素。

由上文的章节和已有的文献分析可知,工业互联网平台在产品制造过程中具有显著的优势。利用预先建立的数字化模型,在数字领域进行模拟操作,可以有效地发现设计缺陷,同时对制造过程进行仿真模拟和成品质量预测。这有助于在设计阶段深入了解产品性能并进行改进,降低研发成本和质量风险。工业互联网平台帮助企业实现数字化转型,即数据化生产流程和程序化生产经验的过程,同时加速知识流动,促使企业内部技术组合创新,实现技术创新。在用户企业运用工业互联网平台的过程中,会产生大量数据,平台企业可利用相应的数据分析模型分析这些数据,这对于提高透明度、洞察客户需求、细化市场、辅助决策支持以及商业模式、产品和服务创新等具有巨大的潜在价值。通过关联生产效率、产品质量等相关数据与工艺流程,建立产品生产流程的数字模型,实现生产工艺流程设计和生产线布局的持续优化,可提高产品生产效率和质量。虽然工业互联网平台还是一种新型事物,已有的研究对工业互联网平台的功能介绍也较少,但随着工业互联网平台在各行各业的应用,企业对工业互联网平台所提供的强大数字模型有用性的认知不断加深,这必将影响其参与价值共创的意愿。因此,笔者基于上述分析提出以下假设:

H3:感知数字化模型有用性正向影响工业互联网平台企业用户价值共创意愿。

4.1.4 社会影响与价值共创意愿

社会影响指企业用户在接受工业互联网平台进而参与价值共创活动的过程中所受到的来自其所在乎的人或事物的影响,如同行企业、国家或地方政策以及新闻媒体、专家、学者的宣传等。根据技术接受理论,企业用户接受某项新技术的意愿会受到同行企业、政府政策、具重要影响力的媒体等因素的影响。我国制造业企业大多属于中小企业,使用工业互联网平台需要投入的成本较高,这无疑会使不少企业用户"望洋兴叹"。但 Osmundsen 等人的研究表明,虽然中小企业受资源和能力限制,数字化转型的动力不足,但政策的支持可以有效地激发和支持其转型意愿(Osmundsen K,Iden J,Bygstad B,2018)。政府对工业互联网平台建设的高度重视以及出台的一系列扶持、补贴和引导政策为企业上工业互联网平台注入了一剂强心针。同时,企业也会关注政府和国家媒体对工业互联网平台技术的态度,如果相关报道都是正面的,会促使企业积极考虑使用工业互联网平台。政府的高度重视也会触动学者敏感的神经,当前越来越多的学术项目、会议都聚焦于工业互联网平台主题,这对工业互联网平台在社会实践中的推进具有积极的促进作用。

工业互联网平台从本质上来说是一项新型创新技术,对工业互联网平台的使用意味着用户对新型技术的接受和采纳。已有的关于新型技术的采用的研究也突出了社会影响对用户的使用意愿具有积极作用。有学者提出,社会影响对于用户采纳创新技术具有积极的推动作用。朱亚飞研究发现,当某一企业认为其所在的行业之中有不少企业采用了某种新的信息技术时，会让该企业有强烈的危机感，为增强企业竞争力，避免被市场淘汰，企业也会加入到新技术的使用中（朱亚飞，2021）。制造业要实现服务化制造，大多数企业依靠合作伙伴的协作来满足客户的需求，当伙伴企业采用新技术时会对合作企业的决策有促进作用。从互联网平台多边市场的网络效应角度来看，更多的同行企业意味着更丰富的可获取的资源。基于上述分析，笔者提出以下假设：

H4：社会影响正向影响工业互联网平台企业用户价值共创意愿。

4.1.5 高管支持与价值共创意愿

2021年埃森哲数据统计显示，58%的领导者表示，数字化建设是由公司高层管理人员负责的，这进一步证实了高管支持在诸多影响因素中是至关重要的一环。在工业互联网平台的应用过程中，高层管理者的支持体现在他们对企业采用工业互联网平台的重要性的认知以及对相关决策的充分支持。高层管理者在建议采纳创新技术以提高整体业务绩效的适当性方面发挥着重要作用。高层管理者提供的支持可以促进企业学习和传播创新技术，在各个阶段均发挥着重要的作用。在促进组织采用新型技术的过程中，无论是对员工态度的影响，还是在提供组织愿景、承诺、支持等方面，高层管理者都发挥着重要作用。他们的支持和承诺对于新型技术与各项业务的顺利融合具有关键作用，而这有利于组织对新型技术的采用。

虽然当前鲜有关于工业互联网平台使用意愿影响因素的研究，但是工业互联网平台同样作为新兴技术，其被采用的底层逻辑可以借鉴已有的相关研究。关于新兴技术采纳的现有研究强调了高层管理者的支持给企业使用意愿带来的积极作用。Maroufkhani等研究人员发现，高层管理层的支持是中小型企业采用大数据分析技术的关键预测变量（Pm A，Mltbc D，Mi E，et al.，2020）。Lai等人通过实证检验物流和供应链管理中采纳大数据分析技术的决定因素，发现高层管理者支持对采纳大数据分析技术的可能性产生了直接的积极影响（Lai Y，Sun H，Ren J，2018）。Alshamaila等人运用半结构化访谈的定性研究方法，分析了中小企业采纳云计算技术的决定因素，研究结果显示，如果缺乏高层管理者的支持，中小企业不太可能接纳新技术（Alshamaila Y，Papagiannidis S，Li F，2013）。Sun等对B2B环境中采用大数据技术的组织意图进行了探讨，SEM和fsQCA检验了八个影响因素，实证结果表明，高层管理者支持是影响企业采纳大数据技术的关键因素（Sun S，Hall D J，Cegielski C G，2019）。综上所述，工业互联网平台作为一种新型的创新技术，其使用具有一定的门槛，在其发展的初期，对于是否参与工业互联网平台，很多人会处于观望的状态，甚至有抵触心理。而高层管理者的支持与承诺将是缓解组织抵制氛围的关键因素。同时，高层管理者支持可以为组织使用工业互联网平台从而参与工业互联网平台价值共创提供所需的资源、资金保障，调动组织成员在实施工业互联网平台项目过程中的积极性。因此，基于上述分析，笔者提出以下假设：

H5：高管支持正向影响工业互联网平台企业用户价值共创意愿。

4.1.6 便利条件与价值共创意愿

对于传统制造企业来说，通过使用工业互联网平台实现企业的数字化转型需借助外力，即要有相应的条件来助力企业数字化转型这一过程，否则企业容易陷入"巧妇难为无米之炊"的困境。便利条件是整合技术接受和采用模型（UTAUT）的重要变量之一，它强调的是企业用户感知到的组织及现有设施对采用新信息技术的支持程度，总体可概括为人、财、物三方面条件。刘炜认为，便利条件指的是企业用户感知到的组织及现有设施对采用新信息技术的支持程度（刘炜，2015），就企业用户采用工业互联网平台情境来说，便利条件可解释为工业互联网平台企业用户感知现有组织以及组织的硬件、软件等设施对其使用工业互联网平台进而参与价值共创的支持程度。要实现工业互联网平台价值共创的参与，需要在企业的相关业务流程中开展特定的战略及技术实施。首先，工业互联网作为互联互通工业全要素的信息化、智能化平台，其使用需要企业用户具有一定的资源及技术支持条件，如较大量的资金投入、员工素质提升以及配置专业技术人才等。其次，需要进行大幅度的管理变革和业务模式变革，树立互联网思维并进行理念革新，从而实现与工业互联网的融合。

已有的关于采纳新型技术的相关研究中，学者们也强调了便利条件对用户的互联网平台使用意愿或价值共创意愿具有积极作用，且作为关键因素而存在。苏婉等人在探索企业用户使用物联网产品的影响因素时就提出，用户对于物联网这项新技术认知不深，用户的泛在网络技术以及软硬件技术不成熟，这样的基础设施条件使用户在接受物联网产品方面心存疑虑（苏婉、毕新华、王磊，2013）。Walrave等人认为，用户的自有资源和其可以获得的来自组织的支持越多,其使用意愿也会随之得到极大的促进(Walrave M, Waeterloos C, Ponnet K, 2020)。在探索工业互联网平台使用意愿影响因素的研究中,郑勇华等人指出,企业用户对工业互联网平台所需的资源和技术条件的完善程度的感知对其采用意愿具有显著影响。企业用户对工业互联网平台相关便利条件的完整性认知越高,其采用意愿相应地也会更强烈。因此,基于上述分析,笔者提出以下假设:

H6:便利条件正向影响工业互联网平台企业用户价值共创意愿。

4.2 平台因素、社会因素、企业用户因素与价值共创行为

4.2.1 感知数据保护技术有用性与价值共创行为

笔者在对企业受访人员进行访谈时发现,工业互联网平台企业用户在参与互动时会时刻关注其在平台上的数据安全问题,一旦其认为平台的安全技术可能存在安全漏洞,则极易出现暂停甚至是终止互动的行为。在大数据时代,数据已经成为企业核心战略资源,平台能否有过硬的技术保护用户的数据安全一直备受关注。张长亮等在对网络社群用户信息共享行为进行研究时发现,当技术被认为存在安全风险时,企业用户或个人用户会因为担心敏感数据的丢失和泄露而放弃数据共享(张长亮、李竟彤、郭宇,2020)。企业用户在与服务提供商共同设计方案时,需要提供和共享相关的数据以保证所设计方案能够契合其业务场景,一旦企业用户认为平台的安全保护技术不能很好地保障其数据安全,其必然会停止数据提供或共享,反之亦然。正如贾亚红在探讨如何提高互联网金融信息技术安全性时所提出的,信息技术非常重要,因为它的安全与否涉及客户的切身利益,不安全的信息技术会直接给客户的使用决策带来负面影响(贾亚红,2015)。同样,由本书对数字能力共建行为的阐释可知,企业用户依托平台或者服务提供商所构建的大数据能力和知识复用能力从本质上来说同样以数据安全作为基础。因此,基于上述分析,笔者提出以下假设:

H7:感知数据保护技术有用性正向影响工业互联网平台企业用户数字能力共建行为。

H8:感知数据保护技术有用性正向影响工业互联网平台企业用户方案共同设计行为。

4.2.2 感知数字化模型易用性与价值共创行为

感知数字化模型易用性是企业用户在使用工业互联网平台系统功能时所感知到的容易程度，具体表现为操作的复杂性和操作的难易程度。结合信息搜寻行为理论和健康信息搜寻行为所提出的用户健康信息搜寻行为的三元交互模型可知，环境变量（感知易用性）对结果变量（健康信息搜寻行为）有着直接的正向影响，并通过了数据的证实。在技术接受模型理论中，"感知易用性"一般被认为通过对"行为意愿"产生影响，进而实现对"行为"的影响。然而，根据罗长利等人的观点，技术接受理论模型是一个开放式的模型，研究者可以从不同的角度对模型进行扩展、完善。同样对该理论模型进行完善的还有陈岚，其通过实证分析发现，感知易用性对平台学习者的参与行为有着直接的正相关影响（陈岚，2017）。在探索旅游者使用移动短视频软件的影响因素研究中，刘慧悦等人也发现，越是简单、容易上手的移动短视频软件越能激发旅游者更多的使用行为（刘慧悦、阎敏君，2021）。基于上述分析，笔者认为工业互联网平台提供的是一种部署数字化模型的服务，其操作难易程度同样给用户的行为带来直接影响，于是笔者提出以下假设：

H9：感知数字化模型易用性正向影响工业互联网平台企业用户数字能力共建行为。

H10：感知数字化模型易用性正向影响工业互联网平台企业用户方案共同设计行为。

4.2.3 感知数字化模型有用性与价值共创行为

企业用户使用工业互联网平台和参与互动的行为，关键在于平台为企业用户所提供的软件、操作系统/功能模块/组件等能实现企业功能需求的程度。在上文中，笔者基于技术接受模型理论阐述了感知数字化模型有用性与用户企业的价值共创意愿之间的关系，并提出这些因素之间存在正相关关系的研究假设。与感知易用性相似，学者们在应用技术接受理论模型的过程中不断发现，感知有用性不仅对行为意愿具有直接效应，还对具体的行为具有直接效应。同时，这也进一步证实了技术接受理论模型的开放性。如朱春奎等人对地方政府的数据开放行为进行研究，发现感知有用性不但对推动意愿产生直接影响，同时也会对推动行为带来直接的正向影响（朱春奎、童佩珊、陈彦桦，2022）。李惠敏等基于TAM模型对土地流转行为做了研究，证实感知有用性对流转行为有直接效应（李惠敏、郭青霞、丁一等，2023）。同样的逻辑，企业用户之所以具有参与工业互联网平台价值共创的互动行为是以提供商部署的数字化模型的有用性为前提的。换言之，对企业用户来说，没有效用的数字化模型也就意味着没有互动行为。基于该分析，笔者提出以下假设：

H11：感知数字化模型有用性正向影响工业互联网平台企业用户数字能力共建行为。

H12：感知数字化模型有用性正向影响工业互联网平台企业用户方案共同设计行为。

4.2.4 社会影响与价值共创行为

在用户行为的研究中，社会影响是一个不能忽视的变量，在早期的整合技术接受和使用模型中，社会影响与感知价值和享乐价值等变量成为模型中的主要变量之一。郑勇华、孙延明基于技术接受理论模型，通过对工业互联网平台企业用户的调研和实证研究证实了社会影响会正向影响企业用户对工业互联网平台的使用和价值共创行为。Reyes-Mercado 在研究用户通过可穿戴设备参与价值共创的互动时也发现社会影响会对用户的价值共创行为产生影响（Reyes-Mercado P，2017）。通过梳理相关文献，笔者认为用户在接受和使用工业互联网平台时很大程度上容易受到他们所在乎的人或政策如专家学者、同行企业、国家或地方政策以及媒体宣传等的影响。利好的国家政策和社会对工业互联网平台的广泛宣传，有利于企业用户参与工业互联网平台的互动和价值共创。基于上述分析，笔者提出以下假设：

H13：社会影响正向影响工业互联网平台企业用户数字能力共建行为。

H14：社会影响正向影响工业互联网平台企业用户方案共同设计行为。

4.2.5 高管支持与价值共创行为

众多学者的研究成果表明，高管支持对技术接受行为有着重要影响，是技术采纳行为的重要影响因素之一。正如 Pm 等人在关于企业接受大数据技术行为的影响研究中所提出的，企业对一项新技术的接受和使用行为必须得到高管的支持，因为这涉及企业战略和新技术的顺利使用（Pm A，Mltbc D，Mi E，et al.，2020）。在本书的研究中，高管支持表现为，企业的高层管理者基于对工业互联网平台的认可和重视，进而为企业参与工业互联网平台互动的行为采取的决策和行动。高管支持首先强调的是高层管理者对事物的高度认可和肯定，重点在于对事物的认知和重视程度；其次是参与和支持。在数字化转型大背景下，对企业用户来说，使用和参与工业互联网平台进行价值共创涉及企业战略，需要企业对相应的软硬件设施及运行前期进行大量投资，这就要求企业高管必须具备战略眼光和数字化思维。没有高管的支持，企业使用和参与工业互联网平台价值共创就无从谈起。基于该分析，笔者提出以下假设：

H15：高管支持正向影响工业互联网平台企业用户数字能力共建行为。

H16：高管支持正向影响工业互联网平台企业用户方案共同设计行为。

4.2.6 便利条件与价值共创行为

便利条件指的是企业用户及其现有设施对采用新信息技术的支持程度。吴士健等人认为，便利条件对用户的共享行为具有直接影响（吴士健、刘国欣、权英，2019）。一方面，工业互联网平台作为一种提供和部署数字化模型服务，助力企业用户实现数字制造资源的泛在连接的数字化平台，其使用需要企业用户具有一定的支持条件，即使用平台的便利条件；另一方面，在应用技术接受模型开展相关研究时，对于便利条件是直接对实际行为产生影响还是通过影响行为意愿间接影响用户的实际行为，学者们的观点并不完全统一，已有的研究仍存在分歧。如Venkatesh就认为，信息设施基础并不是通过主体行为意愿的中介作用对主体行为产生影响，而是直接影响主体的行为。而在该理论的模型应用中，不少学者证实了行为意愿在便利条件主体行为间的作用。本书基于上述分析和前文的假设，进一步验证了便利条件在本研究情境中的作用，对便利条件的作用提出以下假设：

H17：便利条件正向影响工业互联网平台企业用户数字能力共建行为。

H18：便利条件正向影响工业互联网平台企业用户方案共同设计行为。

4.3 契约控制的调节作用

契约治理指通过书面协议这一显性方式来实现企业所期望的行为（刘文霞、王永贵、赵宏文，2014），强调组织间通过合同、正式规范和程序化的流程，详细地确定合作创新中双方的权利、义务以及对未来事务的处理方式，也是组织间最常使用的治理方式。契约治理研究主要有契约控制和契约协调。契约协调是指考虑到各方会受到教育背景、经历等差异性带来的合作障碍的影响，从而需要通过契约协调来纠正各方在理解上的偏差并缓解沟通障碍，提高合作效率。契约控制则更加关注各主体参与互动背后的动机是否存在机会主义行为。因为契约控制认为企业是理性的组织，基于自身利益的考量，往往表现出机会主义倾向。这就需要参与互动的各方于事前通过契约控制对可能发生的机会主义行为加以控制，包括合作者的检查监督权利、知识产权保护、合约单方面终止协议、违约处罚和法律诉讼等。

一方面，在数字经济时代，数据是企业重要的战略资产，平台如何确保数据安全已经成为平台用户关注的焦点之一。数据安全顾虑也是制约我国工业互联网平台发展的重要因素之一。在工业互联网平台系统下，服务接受者一般为组织的企业用户群体，且数据已经成为企业的重要资产/资源，工业大数据对工业企业的重要性不言而喻。与此同时，企业用户将数据、工业机理知识经验视为企业的核心竞争力，这类资源的泄露是企业用户难以接受的。一旦事前签订的完备契约被参与主体付诸实践，那么契约控制可以最大限度地阻止甚至规避机会主义行为。考虑到工业大数据、信息和工业机理知识等的特殊性，契约控制的作用与本书所关注的工业互联网平台数据信息安全问题契合，因此，本书重点关注的是契约治理中的契约控制。

另一方面，通过对企业的实地调研可知，契约控制对企业用户使用工业互联网平台和参与价值共创的意愿的作用表现出不一样的效果。一种是契约控制能够有效增强企业用户对使用工业互联网平台和参与价值共创意愿的信心，但是对一些用户来说，契约控制并不是重点；还有一种情况是契约控制对于使用工业互联网平台和参与价值共创的意愿具有重要影响，甚至是使用平台和参与价值共创的前提。薛佳奇等人认为，契约控制既能起到事前警示作用又能在事后实现法律追责，能有效控制机会主义行为（薛佳奇、张竹，2021），减少企业用户的安全顾虑，有利于其使用平台和参与互动；与此同时，黄梦思等人研究后发现，契约控制对于合作主体间的互动意愿具有促进和调节作用（黄梦思、孙剑、曾晶，2017）。基于理论和实践两个方面的分析，本书的研究引入契约控制，探索其在本研究情形下对价值共创意愿的调节和直接影响。

4.3.1 契约控制对平台因素与价值共创意愿的调节

根据理性经纪人假设，所有的理性决策主体都存在机会主义行为的可能。本研究基于工业互联网平台用户视角，关注企业用户对自身数据安全的担忧。

从用户角度来说，最担忧的是供应商的机会主义行为导致数据的泄露。为了最大限度地降低这种风险，用户需要事前签订完备的正式契约以遏制机会主义行为。契约控制能针对不同的价值共创参与方可能做出的机会主义行为制定有效的控制和惩罚措施，如检查监督、单方面终止协议、处罚等，契约控制极大地增加了机会主义行为的成本。

由上文的分析可知，对工业互联网平台的企业用户而言，知识、经验技术以及生产运营和各类设备产生的数据是其核心资产，这些数据信息的泄露必将给企业用户带来重大损失，这也是阻碍用户使用工业互联网平台的重要因素之一。因此，工业互联网平台服务提供商往往会通过网络技术手段来保护其用户的数据安全，增大用户对平台的安全信心，从而提升用户使用平台的意愿。这种从技术层面进行的数据保护能从一定程度上促进用户对平台的使用意愿，但并不能完全使用户放心。契约控制进一步规避了可能出现的非法使用的问题，降低了伤害合作伙伴利益的可能性，从法律层面让用户的数据利益得到安全保障。因此，企业用户在借助工业互联网平台寻求实现数字化转型的过程中，当工业互联网平台提供的功能模块、软件或系统无论是在功能上还是在操作性方面都契合用户的需求时，契约控制的加强有利于增强用户对工业互联网平台的使用意愿。因此，基于上述分析，笔者提出以下假设：

H19：契约控制在感知数据保护技术有用性和价值共创意愿之间存在正向调节作用。

H20：契约控制在感知数字化模型易用性和价值共创意愿之间存在正向调节作用。

H21：契约控制在感知数字化模型有用性和价值共创意愿之间存在正向调节作用。

4.3.2 契约控制对社会因素与价值共创意愿的调节

由上述内容可知，影响企业用户使用工业互联网平台意愿的社会因素主要有同行企业、新闻媒体、专家学者以及国家或地方政策。工业互联网平台作为一种新型技术，由于其自身门槛高和用户对其认知不清等原因，对传统制造企业来说，第一时间接受并使用它并不容易。新闻媒体对于工业互联网平台技术和国家或地方支持政策的宣传报道有利于企业了解工业互联网平台的优势，会促进企业积极考虑使用工业互联网平台；越来越多的专家学者对工业互联网平台的关注，也有利于工业互联网平台在社会实践中的推进。在数字化转型的大背景下，为了顺应时代发展潮流，实现高质量发展，传统制造企业有借助工业互联网平台进行数字化转型的现实需求，因此，企业用户有使用工业互联网平台的潜在意向。

契约的控制功能通过在契约中签订详细的监督检查和惩罚措施，降低用户在共享或提供数据时数据被非法泄露的风险，对企业用户的数据从法律层面进行了保护，极大地抑制了服务供应商的机会主义行为，增大了泄露企业用户数据的成本。当更多的同行企业使用工业互联网平台时，为了保证获得更多的竞争优势和资源，企业用户在没有数据损失担忧的基础上更愿意接受和使用工业互联网平台，即参与工业互联网平台价值共创的意愿会更加强烈。因此，基于上述分析，笔者提出以下假设：

H22：契约控制在社会影响和价值共创意愿之间存在正向调节作用。

4.3.3 契约控制对企业用户因素与价值共创意愿的调节

在企业用户影响因素中，主要存在高管支持和便利条件这两个变量。根据上文分析可知，高管支持表现为工业互联网平台企业的高层管理者基于对工业互联网平台的认可和重视，为企业借助工业互联网平台实现数字化转型所展现出的对使用平台的态度和倾向性。便利条件则是企业用户的组织及其现有的设施对使用工业互联网平台的支持程度。当企业用户及其现有基础设施支持采用工业互联网平台时，其相关便利条件的完备程度越高，则其使用意愿便越强。企业用户影响因素，如高管认知和对工业互联网平台的重视程度以及企业所具备的采用工业互联网平台的基础软件和硬件等，表明了企业用户对使用工业互联网平台的倾向性。

从解决制造企业面临的数字化转型的迫切需求与数字创新能力的严重不足之间的矛盾来说，使用工业互联网平台越来越得到人们的认可。当前我国工业互联网平台发展迅猛，全国具有一定影响力的平台已经超过 70 个，平台接入工业设施规模突破 4000 万台/套。总体来说，企业用户对使用工业互联网平台是持积极意愿的。在此基础上，契约控制使企业用户避免了服务提供商因机会主义而带来的数据泄露损失，从法律层面消除了企业用户的数据安全担忧。笔者有理由相信，在数字化转型的现实需求下，契约控制必然有助于增强企业用户影响因素对参与工业互联网平台价值共创意愿的影响。因此，基于上述分析，笔者提出以下假设：

H23：契约控制在高管支持和价值共创意愿之间有正向调节作用。

H24：契约控制在便利条件和价值共创意愿之间有正向调节作用。

4.3.4 契约控制对价值共创意愿的影响

当前我国数字经济时代已经到来，数据运营规模进一步增大，2020年工业互联网产业增加值达到3.78万亿人民币。然而由于数字经济起步较晚，涉及数据保护、数据确权的法律完备性还不够（张可法，2022），阻碍了工业互联网平台的进一步发展，企业参与意愿受阻。在本研究中，契约控制强调了合作主体中任意一方采取机会主义行为将面临的罚金或其他形式的严厉惩罚。作为一种从法律层面对企业用户的数据进行保护的手段，契约控制对于以数据为核心的企业用户来说至关重要。因为对该类企业用户来说，在使用工业互联网平台和参与价值共创互动前，会通过契约控制就数据泄露、非法利用等行为的惩罚进行完备的事前约定。在企业用户参与价值共创时，如果合作伙伴有意泄露或窃取数据以牟利，将会面临难以忍受的处罚，这就有力地保障了该类企业用户的数据安全，对其使用工业互联网平台和参与价值共创的意愿具有重要影响。基于上述分析，笔者提出以下假设：

H25：契约控制正向影响工业互联网平台企业用户价值共创意愿。

4.4 价值共创意愿与价值共创行为

4.4.1 价值共创意愿与方案共同设计行为

"意愿"一词被心理学定义为行为主体对某一特定行为的主观意向，是特定行为被执行的强烈倾向的表达，即某种行为的意愿导致某一特定行为的产生。已有学者就价值共创意愿和价值共创行为之间的关系展开过研究。如在对分享经济背景下顾客价值共创行为的研究中，左文明等人以网约车为例展开研究，结果表明，顾客的价值共创意愿对其价值共创行为具有直接的正向影响。在上文的分析中，本研究从对话和数据提供这两个子维度描述了工业互联网平台企业用户参与解决方案设计的互动行为。对话是工业互联网平台企业用户和服务提供商围绕解决方案的设计进行的一系列沟通、交流行为；数据提供指的是工业互联网平台企业用户围绕解决方案的设计根据需要而提供相关的数据。在商业活动中，用户基于对特定目标的意愿而采取行动，用户意愿决定顾客行为。在工业互联网平台服务中，只有当企业用户具有使用工业互联网平台的意愿（即参与工业互联网平台的价值共创意愿）之后，工业互联网平台企业用户的价值共创行为才会出现。企业用户有意愿参与价值共创行为，才会就工业互联网平台解决方案的设计与服务提供商进行对话、沟通、交流，进而提供相关数据来协助服务提供商实现解决方案的落地。基于上述分析，笔者提出以下假设：

H26：价值共创意愿正向影响工业互联网平台企业用户方案共同设计行为。

4.4.2 价值共创意愿与数字能力共建行为

对于寻求通过工业互联网平台获得竞争优势的公司来说，平台提供的各类数字技术通常扮演着资源倍增器、现有能力的增强者或新能力的推动者的角色（Drnevich P L，Croson D C，2013）。在本研究中，工业互联网平台企业用户在工业互联网平台供应商或平台上的第三方提供商的能力支持下，借助其数字技术实现自身知识沉淀与复用的数字能力以及大数据挖掘与应用能力的构建，即企业用户的数字能力共建。企业用户基于自身需求而使用工业互联网平台，与提供商共同设计工业互联网平台解决方案，一切的解决方案在于构建自身的数字能力以应对当前数字经济的发展趋势。

已有的关于企业用户采纳新型技术的意愿的相关研究中，学者们也强调了用户采用平台的意愿在于塑造对应的能力以构建自身的竞争力。如 Wen 认为，数字平台用户认为使用在线数字化平台可以了解世界，与合作伙伴共享数据，实现合作的无缝连接，因此，用户借助平台进行实时的信息交互，实现实时业务保持联系的能力（Wen J，Nasir M H，Yousaf Z，et al.，2005）。郑勇华等人在关于工业互联网平台使用意愿的研究中发现，企业用户对工业互联网平台的使用意愿使其选择了工业互联网平台提供的"模型+深度数据分析"方式来实现企业自身的大数据挖掘与应用能力，从而掌握产品整个生命周期的实时动态信息以提升绩效。在工业互联网平台服务中，企业用户对工业互联网平台的选择或接受使用，则意味着用户参与工业互联网平台价值共创的意愿，而使用工业互联网平台的目的在于借助工业互联网平台构建自身的数字能力。因此，基于上述分析，笔者提出以下假设：

H27：价值共创意愿正向影响工业互联网平台企业用户数字能力共建行为。

4.5 价值共创行为与企业绩效

4.5.1 方案共同设计行为与企业绩效

方案共同设计强调的是企业用户与工业互联网平台企业或企业用户之间围绕服务解决方案的设计所展开的所有合作，这种合作主要以对话和数据共享/贡献来实现。解决方案的共同设计完成是后续价值共创和价值交付的基础，这一过程的每一个活动都决定着下一个活动的价值创造，如平台接受和资源整合的对话、方案设计的启动和规划等。方案共同设计意味着企业用户接受工业互联网平台以及参与整体性或者阶段性的价值创造活动。比如，在卡奥斯工业互联网平台上，企业用户可以在线与平台企业或者第三方服务提供商就解决方案的设计展开沟通、提供数据支持等，以实现符合业务需求的定制化方案的设计。还有学者提出，多次的沟通和对话能够促进服务方全面地理解用户的需求，使服务提供者在设计解决方案的过程中更具系统性思维，从而提高产品和服务质量，最终实现价值共创的高绩效（解学梅、王宏伟，2020）。

首先，共同设计解决方案的过程中，企业用户会将设计所需的相关数据进行共享；企业用户也会基于自身的特定场景共享对应的工业机理知识和经验以实现解决方案的定制化。融合企业用户特定机理知识经验的解决方案有助于企业用户竞争力和企业绩效的提升。与此同时，当企业用户在共同设计解决方案的过程中表现为主动配合和积极互动，比如愿意为方案的设计提供数据支持、介绍业务知识等，则可认为双方的合作是满意的，符合企业用户利润最大化的选择。

其次，如何快速成功地挖掘新的市场、招揽更多的新客户、增加企业在市场中的占有率，是企业关注的又一重点问题。工业互联网平台企业用户通过与服务提供商设计满足其自身业务场景需求的解决方案以实现数字化转型，进而提升企业用户的服务能力。与此同时，企业用户基于自身特定场景的解决方案，可以实现其特定的业务需求，并与客户构筑起互助、开放、良好的关系（Payne A, Storbacka K, Frow P, et al.，2009）。比如胡青在研究企业数字转型与绩效的关系时就发现，企业借助工业互联网平台提供的数字技术对现有的产品和服务进行数字化改造或开发智能化的产品和服务方案，能够为其增加企业市场份额，带来绩效回报（胡青，2020）。

第三，在共同设计解决方案的过程中，服务需求企业和服务提供企业的思想相互碰撞，利益关切点也随着对话的深入不断优化，从而使参与各方能够结合解决方案的设计对原有业务流程或工艺进行创新。厉娜等人的研究表明，基于工业互联网平台的解决方案能够让参与各方实现工业资源的普遍连接和开放共享。这使得参与企业有机会获取大量的异质性知识和互补性资源，进而寻找更多的新知识要素和组合机会，从而进行超越现有知识基础的探索性创新活动（厉娜、林润辉、谢在阳，2020）。正如赵宏霞等人在研究中所提出的，围绕解决方案的设计，当涉及更多的参与方时，各参与企业进行深度协作有利于形成新的分工模式，实现新技术、新产品的开发。

因此，基于上述分析，笔者提出以下假设：

H28：方案共同设计行为对企业绩效存在显著的正向影响：（a）对企业用户的财务绩效存在显著的正向影响；（b）对企业用户的市场绩效存在显著的正向影响；（c）对企业用户的创新绩效存在显著的正向影响。

4.5.2 数字能力共建行为与企业绩效

依据资源编排理论，价值共创可被视为采用不同方式（包括现有方法或全新创造性方法）对企业现有的资源和新获取的资源进行合理配置的过程。这包括数量和种类的合理组合，使资源得到高效利用并发挥出最大效益，从而为企业带来更高的业绩。工业互联网平台企业用户基于平台企业或者第三方服务提供商提供的服务对自身现有资源和能力进行数字化改造以有效地配置、组合和利用，进而提升其在数字经济下创造价值的能力（Sirmon D G H M A L，2011）。本研究涉及的数字能力重点指的是企业用户借助工业互联网平台实现的大数据能力和知识复用能力的构建。

首先，有学者认为应该从能力构建的角度来探讨企业利用数字化技术构建新能力来进行数字化创新，帮助企业提质增效。工业互联网平台企业用户可以采用"模型+深度数据分析"的方式获取很强的数据信息化处理能力，在产品研发制造、运营管理、工艺调优等流程中充分融入互联网理念进行优化改进，以提升企业绩效。与此同时，Vidgen等人的研究也指出，传统制造业缺乏数字基因，如果想要实现数字化转型，成为数据驱动型的组织，需要来自诸如工业互联网平台或者第三方的数字技术的支持（Vidgen R，Shaw S，Grant D B，2017）。传统制造业企业通过工业互联网平台赋能使企业构建的大数据能力不仅可以通过实时数据的分析来改善决策、简化操作、减少客户需求响应时间以及发现新的盈利机会，还可以通过关键业务流程的数字化与供应链的协同管理提高产品服务的生产交付效率。

其次，实时洞察与预测市场环境变化并及时做出调整能够帮助企业理解客户需求、把握市场变化规律。冯芷艳等学者指出，实时洞察能为企业加强全方位的顾客体验管理、增加消费者福利提供优化策略，为实现卓越的企业绩效奠定坚实的基础（冯芷艳、郭迅华、曾大军等，2013）。例如，在工业互联网平台提供的数字技术赋能下，企业用户可以准确把握其客户的消费行为、消费喜好以及消费规律等情况，这既有利于企业及时把握市场机会，又能增加企业挖掘新市场的概率以及了解长尾市场上边缘客户的机会。在此基础之上，企业用户可以进一步探索更加符合市场和自身的业务模式和交易方式。Gupta等人的实证研究表明，企业用户基于工业互联网平台构建的大数据能力能显著提升组织财务绩效、市场绩效和运营绩效（Gupta S, Drave V A, Dwivedi Y K, et al., 2019）。

第三，行业内的企业，尤其是行业龙头企业在制造业的多年深耕积累了大量的行业技能，基于数字技术加工形成了可以重复使用的组件或工业 App，企业用户可以通过工业互联网平台提供的即插即用方式获取所需组件，用于管理自身知识体系。这些私有的关键性技术经验知识既能实现工业机理知识的规模化普及，又能显著提升工业互联网平台企业用户的生产效率及创新绩效。例如，在传统制造业领域，传统工业知识体系的封闭性导致大量的设计研发重复，严重消耗了创新资源。企业用户可以根据自身需求从工业互联网平台聚集的工业 App 中获取所需的创新资源，提升创新能力，避免重复开发，提升创新效率。

基于上述分析，笔者提出以下假设：

H29：数字能力共建行为对企业绩效存在显著的正向影响：（a）对企业用户的财务绩效存在显著的正向影响；（b）对企业用户的市场绩效存在显著的正向影响；（c）对企业用户的创新绩效存在显著的正向影响。

通过对本章提出的研究假设进行整理，具体的实证假设汇总如表 4-1 所示。

表 4-1 研究假设汇总表

平台因素与价值共创意愿
H1：感知数据保护技术有用性正向影响工业互联网平台企业用户价值共创意愿
H2：感知数字化模型易用性正向影响工业互联网平台企业用户价值共创意愿
H3：感知数字化模型有用性正向影响工业互联网平台企业用户价值共创意愿
社会因素与价值共创意愿
H4：社会影响正向影响工业互联网平台企业用户价值共创意愿
企业用户因素与价值共创意愿
H5：高管支持正向影响工业互联网平台企业用户价值共创意愿
H6：便利条件正向影响工业互联网平台企业用户价值共创意愿
平台因素与价值共创行为
H7：感知数据保护技术有用性正向影响工业互联网平台企业用户数字能力共建行为
H8：感知数据保护技术有用性正向影响工业互联网平台企业用户方案共同设计行为
H9：感知数字化模型易用性正向影响工业互联网平台企业用户数字能力共建行为
H10：感知数字化模型易用性正向影响工业互联网平台企业用户方案共同设计行为
H11：感知数字化模型有用性正向影响工业互联网平台企业用户数字能力共建行为
H12：感知数字化模型有用性正向影响工业互联网平台企业用户方案共同设计行为
社会因素与价值共创行为
H13：社会影响正向影响工业互联网平台企业用户数字能力共建行为
H14：社会影响正向影响工业互联网平台企业用户方案共同设计行为
企业用户因素与价值共创行为
H15：高管支持正向影响工业互联网平台企业用户数字能力共建行为
H16：高管支持正向影响工业互联网平台企业用户方案共同设计行为
H17：便利条件正向影响工业互联网平台企业用户数字能力共建行为
H18：便利条件正向影响工业互联网平台企业用户方案共同设计行为
契约控制的调节作用
H19：契约控制在感知数据保护技术有用性和价值共创意愿之间存在正向调节作用
H20：契约控制在感知数字化模型易用性和价值共创意愿之间存在正向调节作用
H21：契约控制在感知数字化模型有用性和价值共创意愿之间存在正向调节作用
H22：契约控制在社会影响和价值共创意愿之间存在正向调节作用
H23：契约控制在高管支持和价值共创意愿之间存在正向调节作用
H24：契约控制在便利条件和价值共创意愿之间存在正向调节作用
契约控制与价值共创意愿
H25：契约控制正向影响工业互联网平台企业用户价值共创意愿

续表

价值共创意愿与价值共创行为
H26：价值共创意愿正向影响工业互联网平台企业用户方案共同设计行为
H27：价值共创意愿正向影响工业互联网平台企业用户数字能力共建行为
价值共创行为与企业绩效
H28：方案共同设计行为对企业绩效存在正向影响
H29：数字能力共建行为对企业绩效存在正向影响

资料来源：笔者整理。

4.6 理论模型构建

综上所述，本研究以技术接受模型理论和价值共创理论为理论指导，通过对相关文献的进一步回顾，进一步推导研究中变量之间的关系，进而构建工业互联网平台企业用户价值共创行为影响因素模型（图4-1）。此外，根据心理学对意愿的定义可知，意愿为个体对某特定行为的主观意向。在商业活动中，用户基于对某特定目标的意愿而采取行动，用户意愿决定用户行为，且用户意愿在影响因素和行为之间的中介作用已被众多学者证实。因此，本研究不再进行相应的分析，在本章节中，实证分析逻辑将重点考虑影响因素和价值共创意愿、价值共创意愿和价值共创行为的关系。

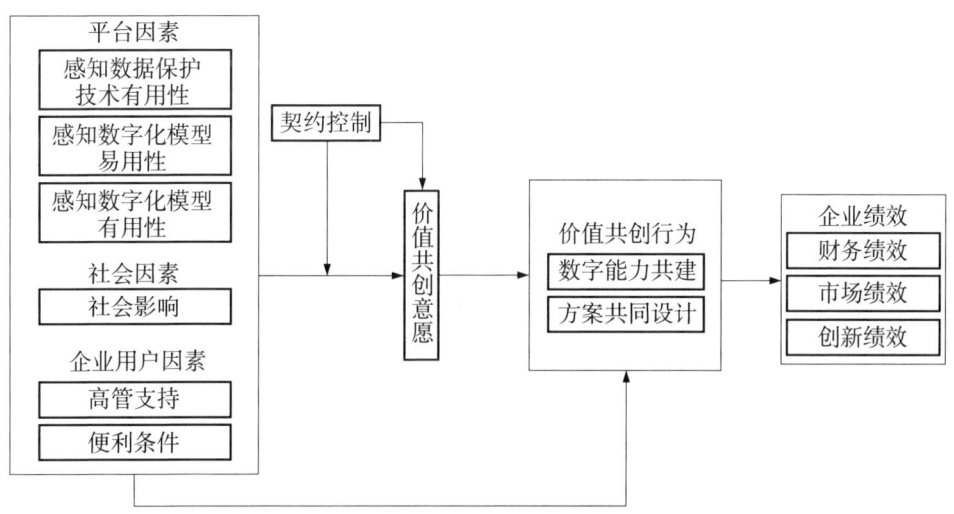

图4-1 用户价值共创行为影响因素模型

第5章 实证研究设计与前期数据分析

在第4章中，笔者基于技术接受模型理论和价值共创理论，结合第3章扎根分析的结果提出了研究假设并构建了工业互联网平台企业用户价值共创行为及其影响研究模型。本章的主要内容是借鉴、整合国内外关于感知数据保护技术有用性、感知数字化模型易用性、感知数字化模型有用性、社会影响以及高管支持等变量的成熟量表，完成本研究的问卷设计，开展预调研，完成正式的调研数据收集及假设检验的前期数据分析工作，为下一章的假设检验和数据分析做好准备。

5.1 研究问卷设计

根据陈晓萍和沈伟（2018）的观点，一个好的科学研究应包括提出问题、回顾文献、找到理论并形成假设、实证研究这四个步骤，因此笔者在研究设计时重点梳理了以往研究中关于感知数据保护技术有用性、感知数字化模型易用性、感知数字化模型有用性、社会影响、高管支持、便利条件、契约控制、数字能力共建、价值共创意愿、方案共同设计以及企业的市场、财务以及创新绩效的测量方法，最终结合所要研究的问题及研究情境选出最适宜的研究方法——问卷调查法。

5.1.1 问卷设计的原则

问卷调查法是管理学领域大样本实证研究中较为常用的一种数据收集方法，它具有以下优势：首先，问卷设计流程相对固定，标准化程度较高，通过问卷回收的数据可以实现快速准确地编码，这种研究方法对研究者而言易操作且具有一定的科学有效性；其次，问卷的发放与回收不受地理和时间距离的限制，可综合使用现场填写、网络问卷、邮政邮寄等多种渠道获取数据，节省调研时间与成本的同时，也能增强样本数据的时效性；最后，对于被调查者而言，问卷填答的时间与地点相对自由，在保护其个人信息安全的前提下受访者更为认可与支持这种研究方法。

科学、严谨的调查问卷是顺利完成实证研究的重要一环，为保障问卷设计的科学有效，笔者坚持以下设计原则来完成本研究调查问卷的设计：一是科学性原则，问卷整体要始终围绕所要研究的问题，在变量内涵界定、测量量表筛选等步骤要符合科学可行的要求，从而保障问卷设计的严谨性；二是可操作性原则，即量表选择上要借鉴和参考国内外研究的成熟量表，测量题项之间不交叉重复，问题表述做到客观中立，从而保证回收的样本数据的信度与效度；三是适当性原则，问卷设计既要做到与研究情境相符，又要避免词汇、语句过于学术化，谨防被调查者因不理解其含义而胡乱作答或放弃作答，且坚决杜绝一切诱导性和含糊性表述，如"一定""多次""经常"等，从而确保所回收数据的真实性与可靠性。

5.1.2 问卷设计过程

为最终形成可靠、准确的调查问卷，在设计本研究调查问卷的过程中，除了坚持上述设计原则，笔者还通过以下设计过程来保证调查问卷的可靠性和准确性。

第一，形成初始量表。梳理相关领域内国内外优秀文献，提炼出成熟的测度方式和其他学者采用的具体指标。在进行量表设计时尽可能地借鉴成熟量表。另外，对于国外文献中的量表，邀请团队内的博士同仁进行翻译，并请课题组教授审核；然后请另外的博士同仁将修正过的中文量表进行返回翻译，与原文献中的英文量表进行对比和修正。通过上述过程形成初始量表。

第二，修改和完善量表。首先将形成的初始量表的电子版发送给相关领域内的权威专家、课题组指导教授和团队硕博同仁，请他们针对初始量表提出修改意见。然后，对照大家提出的意见进行修改和完善。最后将完善后的量表在团队会议上进行多次讨论，并结合讨论结果不断修缮。

第三，通过个人和课题组导师关系，将经过上述两个过程所形成的量表发送给调研目标企业的相关人员，请他们对量表提出修改意见。这是为了从企业的视角来验证本研究思路的合理性，并考察企业人士对量表中语句的理解是否与笔者的研究目的一致。

第四，经过上述三个过程形成本研究的调查问卷。问卷包括基本信息和量表两个部分，采用李克特（Likert）5级量表评分，随着数字的增大，符合程度越高，"1"代表"完全不符合"，"5"代表"完全符合"。

5.2 变量测量

根据本研究提出的理论研究模型，本书共有13个变量需要测量，包括感知数据保护技术有用性、感知数字化模型易用性、感知数字化模型有用性、社会影响、高管支持、便利条件、契约控制、数字能力共建、价值共创意愿、方案共同设计以及企业的市场绩效、财务创新绩效。其中，数字能力共建变量从大数据能力共建和知识复用能力共建的维度测量；方案共同设计变量从对话和数据共享/提供的维度测量。这些变量大多是企业微观层面的数据，需要企业感知或者判断，难以用第二手数据直接测量。因此，本研究以采用李克特5级量表打分的方式进行测量，数值从1到5，依次递增表示"完全不符合"和"完全符合"。此外，正如上文所分析，工业互联网平台的实质是提供"数据+数字化模型"的服务，为了在问卷调查时让非专业人士更加容易地理解语句，在题项描述中笔者用"工业互联网平台"代替"数字化模型"。

5.2.1 平台因素

1. 感知数据保护技术有用性

通过对已有的文献进行分析可知，有学者认为，无论是在数据治理还是在隐私保护等领域，数据/信息的保护技术，被认为是客户信任、满意和忠诚的前因变量（Peikari H R，2010）。邵明星在探索企业用户采纳云服务的行为以及采纳行为的影响因素研究中，基于技术接受模型理论等，引入"安全风险"变量，构建了采纳行为研究模型，并将该变量定义为客户感知到的服务提供商在数据存储、传输以及抵挡各类非法入侵（如病毒、黑客）方面的安全保障能力（邵明星，2015）。类似地，郑勇华等在探索企业用户使用工业互联网平台的影响因素时，引入了"感知风险"这一变量，强调平台企业用户因素影响下的数据信息的保护能力和潜在风险（郑勇华、孙延明、朱建华，2020）。工业互联网平台企业能否提供可靠的数据保护技术对企业用户是否使用平台有着重要影响。在本研究中，感知数据保护技术有用性指的是工业互联网平台企业用户所感知到的平台企业能保护其数据安全的程度。本研究借鉴郑勇华、宋奕江等人的研究成果，并结合以上学者的研究，对相关题项的语句进行适当的调整，最终基于以下4个题项对感知数据保护技术有用性进行测量，具体的测量题项如表5-1所示。

表 5-1 感知数据保护技术有用性的测量题项

变量	测量题项
感知数据保护技术有用性	使用的工业互联网平台提供了一系列技术保护本企业的数据安全; 我们相信工业互联网平台提供的数据保护技术是安全的; 我们相信工业互联网平台提供的数据保护技术是可信的; 从技术层面讲,我们相信第三方很难通过非法手段获取本企业的数据

资料来源:笔者根据文献整理。

2. 感知数字化模型易用性

无论是计算机利用模型的复杂性,还是创新扩散理论的易用性,抑或是在 UTAUT 模型中的努力期望,总体来说,学者们在对相关变量进行定义时其核心含义都在表达行为主体在应用新的信息技术或系统时,其所要付出的努力水平或程度,也就是信息技术或系统易于使用的水平或程度,当其感觉比较容易使用时,则更倾向于接受和使用该新技术或系统(杨华,2021)。虽然后来不同的学者在自己的研究中所采用的变量名称有所不同,但其核心含义并未改变,且测量变量时大都借鉴上述文献的研究成果。如刘慧悦等人在研究旅游者对移动短视频软件使用意愿时强调了用户感知相关程序/软件易用性的重要影响,并借鉴文献研究对该变量进行测量(刘慧悦、阎敏君,2021);同样地,邬文兵等在研究中对感知易用性变量的测量仍然是借鉴文献研究成果(邬文兵、李爽、项竹青等,2019)。笔者认为,感知数字化模型易用性是企业用户感知到的使用工业互联网平台服务提供商所提供的软件、操作系统/功能模块/组件等所需付出的努力,即感知到的使用工业互联网平台系统功能的难易程度,具体表现为操作的复杂性和操作的难易程度。因此,笔者借鉴上述文献成果,考虑本研究的现实和背景,对题项进行全面优化,最后决定用以下 3 个题项来测度感知数字化模型易用性,具体测量题项如表 5-2 所示。

表 5-2 感知数字化模型易用性的测量题项

变量	测量题项
感知数字化模型易用性	工业互联网平台操作起来很简单; 掌握如何操作工业互联网平台是很轻松的事; 熟练掌握如何操作工业互联网平台是很容易的事

资料来源:笔者根据文献整理。

3. 感知数字化模型有用性

感知数字化模型有用性是指用户或企业所感觉到的在组织内部中使用某创新性技术可以帮助其达到目的的程度。与感知数字化模型易用性一样，该变量也是技术接受理论模型中重要的变量。许多学者在研究中对该变量的定义和测量大多借鉴已有文献的研究成果。本研究中的感知数字化模型有用性主要指的是企业用户所感知到的工业互联网平台提供的软件、操作系统/功能模块/组件等能实现企业功能需求的程度。因此，笔者同样参考文献研究成果，结合本研究的现实情境对相关题项语句进行适当的调整，最终基于以下4个题项对数字化模型有用性进行测量，具体测量题项如表5-3所示。

表5-3　感知数字化模型有用性的测量题项

变量	测量题项
感知数字化模型有用性	对本企业来说，工业互联网平台可以满足各业务的需求； 对本企业来说，工业互联网平台对提高工作效率很有帮助； 对本企业来说，工业互联网平台对企业决策很有帮助； 对本企业来说，工业互联网平台非常实用

资料来源：笔者根据文献整理。

5.2.2　社会因素

Venkatesh 等认为社会影响在 UTAUT 模型中具有重要的作用，并认为社会影响是指个体认为对其非常重要的人相信其有必要采取新兴信息技术或者系统的程度。随着研究的深入和模型应用越来越广泛，学者们赋予了社会影响越来越丰富的内涵。如 Osmundsen 等在其研究中就引入了政府因素（Osmundsen K，Iden J，Bygstad B，2018）；Deutsch 和 Gerard 认为，社会影响主要有规范性社会影响和信息性社会影响两种（Deutsch M，Gerard H B，1955）。其中，规范性社会影响指个体为获得他人认可或尊重而表现出的附和的行为；信息性社会影响指以从他人之处获得的信息作为自身行为决策的重要根据。本研究立足于国内情境，认为社会影响是指工业互联网平台用户企业在参与工业互联网平台价值共创活动时受到的来自其在乎的人或事物的影响，如同行企业、国家或地方政策以及新闻媒体、专家学者宣传等。因此，本研究借鉴徐若然、郑勇华、Venkatesh 等学者的研究成果，结合本研究的现实情境对相关题项的语句进行适当的调整，最终基于以下4个题项对社会影响这一变量进行测量，具体测量题项如表5-4所示。

表 5-4 社会影响的测量题项

变量	测量题项
社会影响	政府对使用工业互联网平台的企业会给予政策支持； 越来越多同行企业开始使用工业互联网平台； 合作企业开始使用工业互联网平台； 新闻媒体、专家学者等会宣传工业互联网平台

资料来源：笔者根据文献整理。

5.2.3 企业用户因素

1. 高管支持

首先，已有的研究大多认为组织的高管主要包括企业的 CEO、公司各个部门的经理，或是各个部门的高层管理人员等。对于高管支持，学者们普遍认为高管的支持主要体现在心理认知和行为这两个方面，并进一步将其概念细化为高管信念和参与。其中，高管信念指高管对对应活动及其重要性的认识和态度；高管参与指高管对对应活动各阶段工作的实质性参与。通过分析 Liang 等人（Liang H, Saraf N, Hu Q, et al., 2007）和谢卫红等人（谢卫红、李忠顺、苏芳等，2018）的研究，笔者将高管支持的内涵应用于工业互联网平台企业用户的情境。结合前面章节对相关内容的分析，笔者从高管信念和高管参与这两个方面对高管支持这一概念进行具体分析。结合上述学者的研究，基于以下 7 个题项对高管支持这一变量进行测量，具体测量题项如表 5-5 所示。

表 5-5 高管支持的测量题项

变量	测量题项
高管支持	高管相信工业互联网平台给本企业带来显著收益的可能性很大； 高管相信工业互联网平台能为本企业创造更广阔的发展空间； 高管相信本企业有必要利用工业互联网平台开展业务活动； 高管会积极地对本企业使用工业互联网平台的前景进行阐述； 高管会积极地参与工业互联网平台项目的实施决策； 高管会积极建立目标和标准以监督工业互联网平台项目的实施； 高管会积极地为本企业采用工业互联网平台制订战略规划

资料来源：笔者根据文献整理。

2. 便利条件

在技术接受理论模型应用和研究中,学者们普遍将便利条件定义为用户感知组织及现有设施对采用新信息技术的支持程度。Venkatesh 等人在构建 UTAUT2 模型时提出,资源能力、与其他技术的兼容性以及遇到使用困难时帮助的可获得性也是便利条件的主要表现(Venkatesh V,Thong J,Xin X,2012)。王超等人在研究中小学生在线学习参与意愿的发生机制时从硬件条件和网络条件两个维度对便利条件进行测量(王超、顾小清,2022)。在本研究中,便利条件意味着工业互联网平台的企业用户在使用工业互联网平台时对其自身已有的资源以及面临困难时能否获得相关帮助等的综合感知。因此,基于上述分析,笔者参考 Venkatesh、王超以及刘炜等学者的研究成果,并结合本研究的具体情况,对相关测量题项进行适当的调整,用以下 5 个题项对便利条件这一变量进行测量,具体测量题项如表 5-6 所示。

表 5-6 便利条件的测量题项

变量	测量题项
便利条件	本企业具有使用工业互联网平台所需的资金投入; 本企业具有使用工业互联网平台所需的专业人才; 本企业具有使用工业互联网平台所需的 IT 资源; 当使用工业互联网平台存在困难时能够获得平台提供商的帮助; 工业互联网平台与本企业使用的其他系统是兼容的

资料来源:笔者根据文献整理。

5.2.4 用户价值共创行为

1. 方案共同设计

由于工业互联网平台以及工业互联网平台价值共创相关研究还处于初级阶段,已有的研究成果还没有开发出方案共同设计量表。但是价值共创研究中的对话以及数据共享以及工业互联网平台相关研究中的成熟量表为方案共同设计的相关研究提供了理论依据。在本研究中,工业互联网平台企业用户参与解决方案设计的互动行为主要从对话和数据提供这两个维度展开,方案共同设计行为就是工业互联网平台用户围绕解决方案的设计,与服务提供商进行的一系列的沟通、交流、资源提供/共享行为。笔者为此参考 Zaborek 等人(Zaborek P,Mazur J,2019)和迟铭等人(迟铭、毕新华、徐永顺，2020）的研究成果，并结合工业互联网平台的具体情境，对相关测量题项进行适当的调整，用以下 7 个题项对方案共同设计这一变量进行测量，具体测量题项如表 5-7 所示。

表 5-7 方案共同设计的测量题项

变量	测量题项
方案共同设计	当我们与平台提供商之间有不同意见时会采取对话的方式解决； 我们会与平台提供商就工业互联网平台解决方案的设计进行交流； 我们与平台提供商的沟通是开放和良好的； 我们会与平台提供商围绕工业互联网平台解决方案的设计进行定时或不定时的意见交换； 我们会积极提供工业互联网平台解决方案设计所需的数据信息； 我们会介绍工艺、业务/生产流程等知识来协助工业互联网平台解决方案的设计； 我们会提供数据协助工业互联网平台解决方案的设计

资料来源：笔者根据文献整理。

2. 数字能力共建

对工业互联网平台企业用户来说，一方面可以利用工业互联网平台提供的新型信息技术实现数据处理以支持决策，另一方面也能通过工业互联网平台实现知识复用和规范化管理，这正是工业互联网平台服务的本质，即提供"数据+模型"的服务。Hemanth、钱锋等人的研究也强调了工业大数据技术对工业数据分析、科学决策所起到的决定性作用（钱锋、钟伟民、杜文莉，2017）；此外，卢艳秋等人认为，工业互联网平台提供的模块化数字知识是对企业用户进行知识赋能的关键抓手，提升了企业用户知识复用和数字化管理的能力（卢艳秋、宋昶、王向阳等，2023）。在本研究中，数字能力共建重点指工业互联网平台企业用户基于工业互联网平台所构建的知识沉淀与复用的数字能力以及大数据挖掘与应用能力，能力的构建过程也是企业用户参与价值共创的过程。因此，本文参考李君等人（李君、周勇、邱君降等，2021）、谢卫红等人（谢卫红、李忠顺、苏芳等，2018）、王鑫等人（王鑫、刘克春、曾经纬，2022）的研究成果，并结合工业互联网平台的具体情境，对相关测量题项进行适当的调整，用以下 6 个题项对数字能力共建这一变量进行测量，具体测量题项如表 5-8 所示。

表 5 – 8　数字能力共建的测量题项

变量	测量题项
数字能力共建	借助工业互联网平台，本企业具备从海量数据中分离出有价值的信息的能力； 借助工业互联网平台，本企业具备从海量数据中发现潜在的、有用的知识的能力； 借助工业互联网平台，本企业具备处理海量数据的能力； 借助工业互联网平台，本企业具备对工业原理、知识、经验等进行数字化和规范化管理的能力； 借助工业互联网平台，本企业具备对工业原理、知识、经验等进行模型化、软件化的能力； 借助工业互联网平台，本企业具备将设备运行机理、产品服务模型、业务逻辑等构建为工业微组件、微服务的能力

资料来源：笔者根据文献整理。

5.2.5　用户企业绩效

科学地界定参与工业互联网平台价值共创的企业用户的绩效是本研究的一项探索。通过对现有文献的梳理发现，在消费互联网平台领域，已有的研究主要从消费者角度进行价值共创行为的绩效检验。然而，在工业互联网平台领域，企业用户不同于个体消费者，其参与价值共创的目的也不同。本研究在前文理论分析的基础上，结合实地调研数据，借鉴 Ottenbacher 的企业绩效测度量表，对工业互联网平台的企业用户参与价值共创获得的绩效从市场表现、财务绩效、客户关系和创新绩效这三个维度进行测量（Ottenbacher M C，2007）。已有的研究大都采用主观或客观这两种方式来测量。然而，由于很多客观数据被企业看作高度机密，第一手的财务数据难以获得；加上采用主观和客观测量方式研究，结论之间具有强烈的内在联系，因此，主观测量方式被广泛采用，并取得较好的研究成果。经过综合考虑，笔者决定采用主观测量绩效的方式进行测量，具体测量题项如表 5 – 9 所示。

表 5 – 9　绩效测量题项

变量	测量题项
市场绩效	使用工业互联网平台后，本企业更能吸引新客户； 使用工业互联网平台后，本企业开拓了新市场； 使用工业互联网平台后，本企业获取了更多的市场份额

续表

变量	测量题项
财务绩效	使用工业互联网平台后,本企业盈利能力得到提高; 使用工业互联网平台后,本企业成本效率得到提高; 使用工业互联网平台后,本企业总销售额得到提高; 使用工业互联网平台后,本企业利润率得到提高
创新绩效	使用工业互联网平台后,本企业推出新产品或新服务的频率提升; 使用工业互联网平台后,本企业开发新产品或新服务的成功率增大; 使用工业互联网平台后,本企业申请的专利增加; 使用工业互联网平台后,本企业积极运用新的生产流程以提高产品质量及降低成本; 使用工业互联网平台后,本企业创新研发周期明显缩短

资料来源:笔者根据文献整理。

5.2.6 其他变量

1. 价值共创意愿

价值共创意愿是企业用户为实现其价值主张而主动投入时间、精力以及资金等相关成本使用工业互联网平台和参与相关互动的意愿。根据左文明等学者的研究可知,企业用户使用工业互联网平台和参与相关互动正是其价值共创的行为,因此企业用户对平台使用的意愿也是其参与互动的意愿,即价值共创意愿(左文明、黄枫璇、毕凌燕,2020)。一般而言,价值共创行为由价值共创意愿决定。基于前文理论分析,笔者认为对工业互联网平台的接受和使用意愿即意味着用户具有参与工业互联网平台价值共创的意愿,因此,本书以此逻辑为研究基础,也参考 Venkatesh 等人(Venkatesh V, Morris M G, Davis G B, et al., 2003)和 Yi 等人(Yi Y, Gong T, 2013)开发的量表以测量价值共创意愿这一变量,具体测量题项如表 5-10 所示。

表 5-10 价值共创意愿的测量题项

变量	测量题项
价值共创意愿	我们愿意使用工业互联网平台; 未来我们会继续使用工业互联网平台; 我们愿意向合作企业推荐工业互联网平台

资料来源:笔者根据文献整理。

2. 契约控制

简单地说,契约控制就是通过正式契约明确规定参与价值共创的主体在互动过程中能做什么以及不能做什么。在工业互联网平台价值共创过程中,企业用户较为担忧的是数据安全和核心技术知识安全问题。契约控制有助于规避可能出现的非法挪用、伤害合作伙伴利益等机会主义行为发生的可能性,降低了企业间合作的交易成本,保护参与方的数据信息。正式契约对合作各方的责任和义务做了详细的规定,用于监督和约束彼此的行为,避免各种利益冲突,是合作各方进行自我利益保护的重要手段。在联盟合作、产学研合作等研究中,契约控制在法律层面对机会主义的抑制、信息保护等具有重要作用。本研究中,契约控制强调了合作中任意一方采取机会主义行为将面临的罚金或其他形式的严厉惩罚。基于此分析,借鉴李晓光等人(李晓光、郝生跃、任旭,2018)的研究,并结合工业互联网平台的具体情境,对相关测量题项进行适当的调整,用以下6个题项对契约控制这一变量进行测量,具体的测量题项如表5-11所示。

表5-11 契约控制的测量题项

变量	测量题项
契约控制	本企业与工业互联网平台签订的合同详细规定了合同的终止和解散条款; 本企业与工业互联网平台签订的合同详细规定了违约后的处罚条款; 本企业与工业互联网平台签订的合同详细规定了一方保留对另一方合作相关记录进行审计的权利; 本企业与工业互联网平台签订的合同详细说明了争议仲裁办法; 本企业与工业互联网平台签订的合同详细规定了法律诉讼规定; 本企业与工业互联网平台签订的合同详细规定了私有数据的限制使用条款(合同终止后仍然有效)

资料来源:笔者根据文献整理。

5.2.7 控制变量

本研究聚焦于工业互联网平台用户企业价值共创行为及其影响因素的探索,并同时分析该价值共创行为对价值共创结果,即对企业用户绩效的影响。根据本研究可知,笔者的重点研究对象是制造业。为避免其他变量对本研究的结果造成不可预知的干扰而影响研究结论的准确性,笔者将对工业互联网平台用户企业的某些特征进行控制,将工业互联网平台用户企业的规模、成立时间和企业性质设为控制变量。

首先,划分企业规模的标准。根据王永贵和汪淋淋(2021)、陈楠等人(2022)的研究,企业规模是影响数字化转型战略制定与执行的要素之一。一方面,当企业规模越大,其拥有的资源也越丰富,优渥的知识、资金、技术、人才等资源成为企业自主探索数字化路径的强大后盾;另一方面,在灵活性上中小企业比大企业更具优势,可能会选择更简单的方式如借助外界力量、依附第三方平台从而实现数字化转型。但是,使用和参与工业互联网平台的价值共创有一定的门槛要求,如资金、技术和IT基础设施等。企业规模不同,从某种程度上说也反映在上述几个方面,而这对企业的决策等具有重要影响,进而影响企业行为。本研究按照制造行业企业规模划分标准,设计了5个选项并进行赋值,"100人及以下"编码为"1","101~200人"编码为"2","201~500人"编码为"3","501~1000人"编码为"4","1001人及以上"编码为"5"。

其次,企业的成立年限与其多年积累的行业经验、市场预测能力等变革优势直接相关,可能直接决定了企业数字化转型的难易程度,但数字经济时代对传统制造业企业的原有发展模式发起挑战。企业存续时间越长,随着组织惯例的形成,企业的运营机制可能越发僵化,安于现状的管理思维等都将成为实现数字化转型的巨大阻碍(Lin等,2021)。鉴于此,有必要将企业年龄作为控制变量以避免其对企业数字化转型的直接影响(卢艳秋等,2021)。本研究针对企业的成立年限共设计了5个选项并进行赋值,"1年及以下"编码为"1","1~3年"编码为"2","3~5年"编码为"3","5~10年"编码为"4","10年以上"编码为"5"。

有些环境下,企业性质的不同会影响政策支持的偏好。企业性质的不同也存在开放程度和风险偏好的差异。在数字经济时代,政策红利支撑是激发传统制造业企业争相布局数字化转型的重要外部因素之一,在企业性质的影响下,不同企业对政策的感知与响应程度可能存在着差异。以国有企业为例,这类企业肩负的不仅有经济责任,还有政治责任和社会责任,要在行业数字化转型中起表率和带动作用(戚聿东等,2021)。为避免其影响,有必要将企业性质作为控制变量引入研究模型。本研究针对企业性质共设计了5个选项并进行赋值,"国有企业"编码为"1","民营企业"编码为"2","中外合资企业"编码为"3","外资独资企业"编码为"4","其他性质企业"编码为"5"。

综上所述，本研究选择以上 3 个变量作为控制变量。

5.3 预调研

一个完整科学的问卷设计流程，预调研是正式调研开始前的准备工作，其目的在于通过小规模测试检验设计量表的信度与效度，从被调查者的视角再度检查问卷设计中尚存的不足甚至缺陷，及时完善与优化调查问卷，在有效避免不必要的成本损耗的同时，也能确保正式调研时所获数据的真实可靠。

5.3.1 预调研样本收集

为保证研究的科学性，在进行大规模数据收集前笔者首先开展了预调研工作，重点对所设计量表的信度和效度进行检验。此外，对于开展预调研工作到底需要多少样本数量比较合适并没有一个统一的标准，MacCallum 等在研究中提到，要进行探索性因子分析的话，一般样本数量至少要 100～200个。与此同时，Nunnally 认为预调研样本量在研究所涉及变量数的 10 倍以上是较为合适的。借鉴以上学者的研究，结合本研究涉及的相关变量个数，笔者的预调研样本收集工作按以下流程开展：调研对象主要是使用了工业互联网平台的制造业企业的高层管理者；预调研时间在 2022 年 11—12 月，历时一个多月；发放调查问卷 200 份，其中收回的有效问卷 150 份，问卷有效率 75%。下面对收回的小样本有效问卷进行分析。

5.3.2 信度分析

信度（reliability）即可靠性，它是指采用同样的方法对同一对象重复测量时所得结果的一致性程度。信度指标多以相关系数表示，大致可分为三类：稳定系数（跨时间的一致性）、等值系数（跨形式的一致性）和内在一致性系数（跨项目的一致性）。信度分析的方法主要有四种：重测信度法、复本信度法、折半信度法、α 信度系数法。其中，Cronbach 信度分析是最为常见、使用最为广泛的一种测量方法，直接使用一个指标即 Cronbach 信度系数值来描述信度水平情况。如果 Cronbach 信度系数值大于 0.6，说明信度可以被接受，一般来说信度系数值越大越好。

只有具有良好信度的量表在后续多次的测量使用过程中才会大概率得到

相同或相似的结果。良好信度的量表意味着测量结果的一致性、稳定性和可靠性，因为信度越高的量表受到的来自外界的人、事物的干扰越小，其测量反映的结果越能使人信服。为使本研究更具普适性和说服力，笔者采用主流的信度衡量指标 Cronbach's Alpha 系数（该系数介于 0 与 1 之间）来判断本书量表中各变量的测度题项和总量表的一致性。一般认为，当量表的 Cronbach's Alpha 系数高于 0.7 时，则表示所设计的量表是可被接受的。若该系数低于 0.7，甚至低于 0.5 的时候，就表示需要考虑修改量表。

相关研究中，学者们普遍认为，在进行问卷预测试时，需要对最初问卷的测量项目进行筛选和净化。如果未经净化的项目使用初始问卷进行因子分析，可能会出现多维度现象，从而无法解释各因子的内涵。本研究在借鉴以往研究的基础上，采用 Cronbach's Alpha 系数和修正后的项总计相关性（CITC）对量表的信度进行评估。一般认为，当 Cronbach's Alpha 系数高于 0.7 且校正的项总计相关性高于 0.5 时，可以更好地解释和体现相关研究中测量变量具有良好的内部结构一致性。基于上述分析和收集的预调研数据，笔者对量表的信度进行分析，具体的分析结果如表 5-12 所示。对照该分析结果可以看出：各变量的 Cronbach's Alpha 系数高于 0.7，并且 CITC 值都高于 0.5。这说明本研究使用的量表信度通过了信度检验，具有较好的内在一致性。

表 5-12 信度分析汇总表

变量	修正后的项总计相关性	项目已删除的 Cronbach's Alpha 系数	变量的 Cronbach's Alpha 系数
感知数据保护技术有用性	0.808	0.858	0.902
	0.787	0.867	
	0.736	0.884	
	0.782	0.867	
感知数字化模型易用性	0.758	0.864	0.893
	0.816	0.823	
	0.786	0.834	
感知数字化模型有用性	0.795	0.869	0.907
	0.799	0.870	
	0.773	0.877	
	0.794	0.875	

续表

变量	修正后的项总计相关性	项目已删除的 Cronbach's Alpha 系数	变量的 Cronbach's Alpha 系数
社会影响	0.788	0.851	0.892
	0.723	0.874	
	0.752	0.862	
	0.782	0.850	
高管支持	0.807	0.930	0.942
	0.827	0.928	
	0.789	0.932	
	0.799	0.931	
	0.776	0.932	
	0.815	0.929	
	0.828	0.927	
便利条件	0.792	0.915	0.929
	0.798	0.912	
	0.793	0.913	
	0.851	0.904	
	0.824	0.907	
契约控制	0.792	0.914	0.929
	0.822	0.911	
	0.757	0.919	
	0.849	0.908	
	0.777	0.917	
	0.761	0.919	
价值共创意愿	0.749	0.800	0.871
	0.714	0.833	
	0.784	0.788	

续表

变量	修正后的项总计相关性	项目已删除的 Cronbach's Alpha 系数	变量的 Cronbach's Alpha 系数
数字能力共建	0.802	0.932	0.943
	0.820	0.931	
	0.856	0.927	
	0.807	0.932	
	0.875	0.925	
	0.802	0.933	
方案共同设计	0.772	0.929	0.938
	0.794	0.927	
	0.796	0.927	
	0.757	0.931	
	0.855	0.921	
	0.767	0.930	
	0.832	0.924	
市场绩效	0.746	0.849	0.880
	0.760	0.837	
	0.800	0.801	
财务绩效	0.757	0.885	0.905
	0.822	0.861	
	0.790	0.872	
	0.774	0.881	
创新绩效	0.820	0.907	0.926
	0.804	0.910	
	0.831	0.905	
	0.811	0.909	
	0.767	0.917	

资料来源：笔者整理。

5.3.3 探索性因子分析

探索性因子分析法（exploratory factor analysis，EFA）是一项用于找出多元观测变量的本质结构并进行降维处理的技术。EFA 能够将关系错综复杂的变量综合为少数几个核心因子。对于主因子分析法来说，不存在异常值、等距值、线形值、多变量常态分配以及正交性等情况。

EFA 是一种广泛应用于评估结构效度的测量方法，它能对多个测量结果进行评估，并确定它们的结构是否稳定。在进行 EFA 效度检验之前，首先需要进行 KMO 和 Bartlett 球形检验，以判断收集的样本数据是否适用于后续的探索性因子分析。KMO 的取值通常介于 0 到 1 之间，一般用该值来判断所收集的样本数据是否适合用于进行探索性因子分析。通常来说，KMO 值越高越好，KMO 值越高说明收集到的样本数据越适合用于进行探索性因子分析。学者们普遍认为，要进行探索性因子分析，那么 KMO 值一般不低于 0.7，否则样本不适合进行探索性因子分析。另外，Bartlett 球形检验指标也是判断样本是否适合开展探索性因子分析的指标之一，它要求显著性必须 $P<0.05$。总体而言，必须同时满足上述两个指标要求的样本数据才适合开展探索性因子分析。笔者收集的样本 KMO 和 Bartlett 检验结果见表 5-13。

表 5-13 KMO 和 Bartlett 检验

变量	KMO 取样适切性量数	Bartlett 球形检验		
		近似卡方值	自由度	显著性
感知数据保护技术有用性	0.840	369.820	6	0.000
感知数字化模型易用性	0.743	263.367	3	0.000
感知数字化模型有用性	0.850	382.224	6	0.000
社会影响	0.841	339.677	6	0.000
高管支持	0.940	831.877	21	0.000
便利条件	0.930	567.498	10	0.000
契约控制	0.917	660.914	15	0.000
价值共创意愿	0.732	224.334	3	0.000
数字能力共建	0.920	775.362	15	0.000
方案共同设计	0.942	796.754	21	0.000
财务绩效	0.737	239.174	3	0.000
市场绩效	0.848	376.860	6	0.000
创新绩效	0.893	646.643	10	0.000
总量表	0.874	4167.951	1830	0.000

资料来源：笔者整理。

由表 5-13 分析结果可知，量表 KMO、Barlett 球形检验结果效果不错，如感知数据保护技术有用性 KMO 值为 0.840，Bartlett 球形检验的卡方值为 369.820，感知数字化模型易用性 KMO 值为 0.743，感知数字化模型有用性 KMO 值为 0.850，Barlett 球形检验结果小于 0.05，说明数据适合做探索性因子分析。本研究中涉及的变量是基于相关理论，根植于企业实地调研数据的扎根分析而得出。其量表设计过程中借鉴了已有的成熟量表，考虑到变量数的丰富性，采用固定抽取因子的方式进行分析，根据表 5-14 可知，这 13 个因子的总方差解释率为 71.572%，是大于 60% 的，因此整体可以说明效度水平良好。因子旋转在经过 7 次迭代后收敛，旋转矩阵结果具体见表 5-15。感知数据保护技术有用性（A）、感知数字化模型易用性（B）、感知数字化模型有用性（C）、社会影响（D）、高管支持（E）、便利条件（F）、契约控制（G）、价值共创意愿（H）、数字能力共建（I）、方案共同设计（J）、市场绩效（K）、财务绩效（L）、创新绩效（M）。一共旋转出 13 个共同因子，其中各自变量的因子载荷均超过 0.5，由此可见，所有题项有效区别于其他共同因子，且有效收敛于所属的共同因子，表明本研究的量表在效度方面比较理想。

表 5-14 解释的总方差

成分	初始特征值			提取载荷平方		
	总计	方差百分比（%）	累积（%）	总计	方差百分比（%）	累积（%）
1	18.768	30.767	30.767	18.768	30.767	30.767
2	3.057	5.011	35.779	3.057	5.011	35.779
3	2.923	4.793	40.571	2.923	4.793	40.571
4	2.713	4.448	45.019	2.713	4.448	45.019
5	2.327	3.814	48.833	2.327	3.814	48.833
6	2.153	3.529	52.362	2.153	3.529	52.362
7	2.008	3.292	55.653	2.008	3.292	55.653
8	1.825	2.993	58.646	1.825	2.993	58.646
9	1.762	2.889	61.534	1.762	2.889	61.534
10	1.669	2.737	64.271	1.669	2.737	64.271
11	1.595	2.615	66.886	1.595	2.615	66.886
12	1.461	2.395	69.280	1.461	2.395	69.280

续表

成分	初始特征值			提取载荷平方		
	总计	方差百分比（%）	累积（%）	总计	方差百分比（%）	累积（%）
13	1.398	2.291	71.572	1.398	2.291	71.572
14	0.831	2.183	73.754			
15	0.738	1.866	75.621			
16	0.668	1.094	76.715			
17	0.627	1.028	77.743			
18	0.597	0.979	78.721			
19	0.570	0.935	79.656			
20	0.562	0.921	80.578			
21	0.513	0.841	81.418			
22	0.505	0.828	82.247			
23	0.503	0.825	83.071			
24	0.476	0.780	83.851			
25	0.458	0.751	84.602			
26	0.447	0.733	85.335			
27	0.433	0.710	86.045			
28	0.405	0.664	86.708			
29	0.387	0.635	87.343			
30	0.384	0.630	87.972			
⋮	⋮	⋮	⋮	⋮	⋮	⋮
61	0.108	0.177	100.000			

资料来源：笔者整理。

表5-15 成分矩阵

题项	成分												
	1	2	3	4	5	6	7	8	9	10	11	12	13
A1	0.124	0.162	0.143	0.157	0.065	0.114	0.064	0.126	0.111	**0.783**	0.068	0.090	0.132
A2	0.074	0.057	0.175	0.097	0.063	0.246	0.125	0.136	0.141	**0.719**	0.177	0.063	0.076
A3	0.133	0.119	0.128	0.087	0.100	0.085	0.069	0.080	0.021	**0.769**	0.053	-0.041	0.045
A4	0.118	0.083	0.193	0.100	0.126	0.155	0.091	0.107	0.118	**0.715**	-0.062	0.163	0.182
B1	0.120	0.170	0.121	0.184	0.138	0.085	0.153	0.152	0.152	0.128	0.212	0.153	**0.733**

续表

题项	成分												
	1	2	3	4	5	6	7	8	9	10	11	12	13
B2	0.127	0.158	0.139	0.189	0.149	0.107	0.065	0.169	0.072	0.174	0.046	0.065	**0.740**
B3	0.057	0.136	0.171	0.172	0.172	0.101	0.079	0.170	0.022	0.145	0.129	0.012	**0.772**
C1	0.066	0.067	0.116	0.111	0.105	0.101	0.060	**0.828**	0.115	0.055	0.072	0.113	0.126
C2	0.123	0.091	0.116	0.137	0.129	0.078	0.105	**0.823**	0.101	0.114	0.094	0.023	0.095
C3	0.116	0.087	0.164	0.118	0.055	0.077	0.170	**0.685**	0.110	0.225	0.022	0.154	0.106
C4	0.163	0.224	0.120	0.151	0.091	0.125	0.070	**0.753**	0.126	0.072	0.083	0.063	0.115
D1	0.090	0.097	0.213	0.176	0.151	0.092	**0.806**	0.086	0.055	0.082	0.062	0.122	0.095
D2	0.124	0.141	0.141	0.210	0.122	0.092	**0.813**	0.142	0.096	0.125	0.088	0.074	0.069
D3	0.045	0.175	0.207	0.196	0.095	0.088	**0.777**	0.095	0.122	0.064	0.098	0.105	0.078
D4	0.062	0.159	0.210	0.214	0.103	0.169	**0.757**	0.104	0.195	0.102	0.125	0.086	0.044
E1	0.048	0.073	**0.767**	0.077	0.098	0.131	0.089	0.110	0.055	0.117	0.051	-0.020	0.036
E2	0.136	0.025	**0.675**	0.136	0.099	0.126	0.212	0.098	0.070	0.090	0.007	0.168	0.197
E3	0.123	0.138	**0.729**	0.097	0.025	0.134	0.128	0.162	0.123	0.060	0.058	0.060	0.032
E4	0.121	0.107	**0.762**	0.136	0.069	0.154	0.181	-0.022	0.087	0.173	0.068	0.064	0.079
E5	0.154	0.120	**0.800**	0.069	0.104	0.120	0.116	0.080	0.020	0.097	0.106	0.090	0.009
E6	0.104	0.124	**0.721**	0.106	0.160	0.185	0.046	0.060	-0.009	0.106	0.111	0.055	0.133
E7	0.083	0.136	**0.750**	0.191	0.170	0.032	0.031	0.077	0.074	0.048	0.091	0.039	0.021
F1	0.202	0.135	0.159	0.138	0.091	**0.774**	0.090	-0.033	0.095	0.028	0.019	0.133	0.122
F2	0.087	0.068	0.100	0.109	0.115	**0.715**	0.127	0.179	0.036	0.203	0.181	0.084	0.018
F3	0.110	0.123	0.160	0.133	0.098	**0.685**	0.085	0.015	0.045	0.164	0.049	0.073	0.207
F4	0.100	0.108	0.193	0.090	0.106	**0.805**	0.019	0.098	0.100	0.156	0.091	0.038	-0.041
F5	0.036	0.122	0.215	0.142	0.050	**0.679**	0.099	0.148	0.052	0.044	0.147	-0.008	0.012
G1	0.112	0.131	0.132	**0.742**	0.130	0.087	0.176	0.115	-0.006	0.065	0.073	0.263	0.098
G2	0.120	0.074	0.187	**0.784**	0.124	0.108	0.130	0.070	0.128	0.101	0.086	0.102	0.080
G3	0.083	0.152	0.107	**0.770**	0.157	0.141	0.129	0.101	0.083	0.076	-0.013	0.170	0.098
G4	0.150	0.141	0.147	**0.759**	0.096	0.114	0.133	0.087	0.032	0.087	0.027	0.170	0.205
G5	0.163	0.101	0.118	**0.794**	0.121	0.146	0.145	0.109	0.083	0.041	0.059	0.066	0.034
G6	0.101	0.166	0.130	**0.764**	0.073	0.073	0.100	0.105	0.148	0.138	0.064	0.112	0.072
H1	0.094	0.033	0.124	0.277	0.100	0.074	0.162	0.117	0.126	0.161	0.085	**0.749**	0.121
H2	0.179	0.097	0.145	0.307	0.101	0.091	0.087	0.117	0.048	0.027	0.045	**0.783**	0.031

续表

题项	成分												
	1	2	3	4	5	6	7	8	9	10	11	12	13
H3	0.129	0.122	0.101	0.254	0.072	0.128	0.120	0.114	0.055	0.059	0.103	**0.778**	0.053
I1	**0.794**	0.126	0.098	0.052	0.098	0.138	0.070	0.069	0.107	0.051	0.098	0.072	0.080
I2	**0.812**	0.179	0.125	0.073	0.079	0.096	0.032	0.120	0.135	0.105	0.011	0.053	0.043
I3	**0.811**	0.104	0.061	0.151	0.049	0.027	0.083	0.086	0.039	0.043	0.103	0.066	0.109
I4	**0.874**	0.139	0.153	0.119	0.085	0.081	-0.005	0.081	0.090	0.089	0.107	0.044	0.027
I5	**0.875**	0.043	0.123	0.128	0.106	0.098	0.108	0.056	0.091	0.124	0.030	0.055	-0.002
I6	**0.862**	0.112	0.129	0.126	0.039	0.077	0.028	0.055	0.122	0.058	0.074	0.109	0.037
J1	0.050	**0.809**	0.113	0.119	0.092	0.098	0.132	0.076	0.122	0.023	0.039	0.032	0.042
J2	0.135	**0.651**	0.055	0.139	0.100	0.074	0.065	0.124	0.001	0.017	0.108	0.210	0.028
J3	0.152	**0.788**	0.138	0.035	0.119	0.114	0.068	-0.024	0.182	0.004	0.012	0.067	0.061
J4	0.130	**0.770**	0.212	0.115	-0.019	0.035	0.037	0.019	0.073	0.143	0.079	0.049	0.047
J5	0.062	**0.771**	0.037	0.042	0.155	0.060	0.037	0.075	0.056	0.095	0.016	0.032	0.028
J6	0.066	**0.826**	0.070	0.143	0.090	0.099	0.085	0.081	0.065	0.147	0.050	-0.040	0.095
J7	0.117	**0.742**	0.070	0.097	0.026	0.070	0.104	0.108	0.074	0.020	0.035	-0.0035	0.128
K1	0.141	0.169	0.112	0.083	0.140	0.186	0.139	0.119	0.135	0.120	**0.796**	0.030	0.084
K2	0.141	0.102	0.184	0.091	0.125	0.123	0.093	0.114	0.191	0.058	**0.773**	0.062	0.127
K3	0.135	0.039	0.143	0.066	0.144	0.151	0.096	0.039	0.120	0.044	**0.814**	0.125	0.113
L1	0.171	0.122	0.123	0.217	0.060	0.047	0.120	0.099	**0.730**	0.065	0.111	0.054	0.060
L2	0.094	0.125	0.052	0.109	0.156	0.012	0.105	0.128	**0.747**	0.109	0.063	0.046	0.156
L3	0.135	0.158	0.124	0.011	0.143	0.108	0.059	0.072	**0.744**	0.081	0.166	0.032	-0.055
L4	0.155	0.129	0.045	0.075	0.108	0.132	0.106	0.128	**0.824**	0.088	0.084	0.075	0.049
M1	0.113	0.047	0.105	0.150	**0.827**	0.063	0.123	0.066	0.106	0.077	0.100	0.059	0.073
M2	0.049	0.164	0.146	0.104	**0.788**	0.076	0.050	0.160	0.093	0.027	0.052	0.075	0.101
M3	0.083	0.096	0.111	0.117	**0.842**	0.057	0.039	0.061	0.065	0.080	0.048	0.027	0.125
M4	0.066	0.182	0.097	0.096	**0.815**	0.076	0.096	0.121	0.128	0.030	0.097	0.083	0.068
M5	0.118	0.054	0.171	0.121	**0.807**	0.057	0.116	-0.025	0.085	0.131	0.102	0.026	0.034

资料来源：笔者整理。

表 5-16 展示了感知数据保护技术有用性的探索性因子分析结果。分析后得到 1 个因子（感知数据保护技术有用性）其中包含感知数据保护技术有用性 1 至感知数据保护技术有用性 4，共 4 个测量题项。所提取因子的累积方

差解释率达77.23%，相较于50%的经验阈值，数据分析得出的数值明显高于经验阈值，与此同时，所有测量题项的因子载荷都高于0.5。

表5-16 感知数据保护技术有用性因子负荷矩阵

测量题项	共同性	累积方差解释率	提取的因子 因子1
感知数据保护技术有用性1	0.805	77.23%	0.897
感知数据保护技术有用性2	0.781		0.884
感知数据保护技术有用性3	0.724		0.851
感知数据保护技术有用性4	0.779		0.883

资料来源：笔者整理。

表5-17展示了感知数字化模型易用性的探索性因子分析结果。分析后得到1个因子（感知数字化模型易用性）。其中包含感知数字化模型易用性1至感知数字化模型易用性3，共3个测量题项。所提取因子的累积方差解释率达82.33%，相较于50%的经验阈值，数据分析得出的数值明显高于经验阈值，与此同时，所有测量题项的因子载荷都高于0.5。

表5-17 感知数字化模型易用性因子负荷矩阵

测量题项	共同性	累积方差解释率	提取的因子 因子1
感知数字化模型易用性1	0.795	82.33%	0.891
感知数字化模型易用性2	0.850		0.922
感知数字化模型易用性3	0.826		0.909

资料来源：笔者整理。

表5-18展示了感知数字化模型有用性的探索性因子分析结果。分析后得到1个因子（感知数字化模型有用性）。其中包含感知数字化模型有用性1至感知数字化模型有用性4，共4个测量题项。所提取因子的累积方差解释率达78.23%，相较于50%的经验阈值，数据分析得出的数值明显高于经验阈值，与此同时，所有测量题项的因子载荷都高于0.5。

表5-18 感知数字化模型有用性因子负荷矩阵

测量题项	共同性	累积方差解释率	提取的因子 因子1
感知数字化模型有用性1	0.790	78.23%	0.889
感知数字化模型有用性2	0.795		0.892
感知数字化模型有用性3	0.760		0.872
感知数字化模型有用性4	0.784		0.886

资料来源：笔者整理。

表5-19展示了社会影响的探索性因子分析结果，分析后得到1个因子（社会影响），其中包含社会影响1至社会影响4，共4个测量题项。所提取因子的累积方差解释率达75.60%，相较于50%的经验阈值，数据分析得出的数值明显高于经验阈值，与此同时，所有测量题项的因子载荷都高于0.5。

表5-19 社会影响因子负荷矩阵

测量题项	共同性	累积方差解释率	提取的因子 因子1
社会影响1	0.787	75.60%	0.887
社会影响2	0.710		0.843
社会影响3	0.745		0.863
社会影响4	0.782		0.884

资料来源：笔者整理。

表5-20展示了高管支持的探索性因子分析结果。分析后得到1个因子（高管支持）。其中包含高管支持1至高管支持7，共7个测量题项。所提取因子的累积方差解释率达74.06%，相较于50%的经验阈值，数据分析得出的数值明显高于经验阈值，与此同时，所有测量题项的因子载荷都高于0.5。

表5-20 高管支持因子负荷矩阵

测量题项	共同性	累积方差解释率	提取的因子 因子1
高管支持1	0.743	74.06%	0.862
高管支持2	0.773		0.879
高管支持3	0.715		0.845
高管支持4	0.728		0.853
高管支持5	0.700		0.837
高管支持6	0.752		0.867
高管支持7	0.773		0.879

资料来源：笔者整理。

表5-21展示了便利条件的探索性因子分析结果。分析后得到1个因子（便利条件）。其中包含便利条件1至便利条件5，共5个测量题项。累积方差解释率达77.88%，相较于50%的经验阈值，数据分析得出的数值明显高于经验阈值，与此同时，所有测量题项的因子载荷都高于0.5。

表5-21 便利条件因子负荷矩阵

测量题项	共同性	累积方差解释率	提取的因子 因子1
便利条件1	0.752	77.88%	0.867
便利条件2	0.764		0.874
便利条件3	0.755		0.869
便利条件4	0.827		0.909
便利条件5	0.796		0.892

资料来源：笔者整理。

表5-22展示了契约控制的探索性因子分析结果。分析后得到1个因子（契约控制）。其中包含契约控制1至契约控制6，共6个测量题项。累积方差解释率达73.91%，相较于50%的经验阈值，数据分析得出的数值明显高于经验阈值，与此同时，所有测量题项的因子载荷都高于0.5。

表 5-22　契约控制因子负荷矩阵

测量题项	共同性	累积方差解释率	提取的因子
			因子1
契约控制1	0.741		0.861
契约控制2	0.776		0.881
契约控制3	0.693	73.91%	0.833
契约控制4	0.812		0.901
契约控制5	0.719		0.848
契约控制6	0.693		0.832

资料来源：笔者整理。

表 5-23 展示了价值共创意愿的探索性因子分析结果。分析后得到 1 个因子（价值共创意愿）。其中包含价值共创意愿 1 至价值共创意愿 3，共 3 个测量题项。累积方差解释率达 79.46%，相较于 50% 的经验阈值，数据分析得出的数值明显高于经验阈值，与此同时，所有测量题项的因子载荷都高于 0.5。

表 5-23　价值共创意愿因子负荷矩阵

测量题项	共同性	累积方差解释率	提取的因子
			因子1
价值共创意愿1	0.799		0.894
价值共创意愿2	0.759	79.46%	0.871
价值共创意愿3	0.826		0.909

资料来源：笔者整理。

表 5-24 展示了数字能力共建的探索性因子分析结果。分析后得到 1 个因子（数字能力共建）。其中包含数字能力共建 1 至数字能力共建 6，共 6 个测量题项。累积方差解释率达 77.84%，相较于 50% 的经验阈值，数据分析得出的数值明显高于经验阈值，与此同时，所有测量题项的因子载荷都高于 0.5。

表 5-24　数字能力共建因子负荷矩阵

测量题项	共同性	累积方差解释率	提取的因子
			因子1
数字能力共建1	0.747	77.84%	0.864
数字能力共建2	0.768		0.876
数字能力共建3	0.815		0.903
数字能力共建4	0.752		0.867
数字能力共建5	0.843		0.918
数字能力共建6	0.747		0.864

资料来源：笔者整理。

表 5-25 展示了方案共同设计的探索性因子分析结果。分析后得到 1 个因子（方案共同设计）。其中包含方案共同设计 1 至方案共同设计 7，共 7 个测量题项。累积方差解释率达 72.83%，相较于 50% 的经验阈值，数据分析得出的数值明显高于经验阈值，与此同时，所有测量题项的因子载荷都高于 0.5。

表 5-25　方案共同设计因子负荷矩阵

测量题项	共同性	累积方差解释率	提取的因子
			因子1
方案共同设计1	0.693	72.83%	0.833
方案共同设计2	0.727		0.853
方案共同设计3	0.730		0.855
方案共同设计4	0.676		0.822
方案共同设计5	0.809		0.899
方案共同设计6	0.687		0.829
方案共同设计7	0.776		0.881

资料来源：笔者整理。

表 5-26 展示了市场绩效的探索性因子分析结果。分析后得到 1 个因子（市场绩效）。其中包含市场绩效 1 至市场绩效 3，共 3 个测量题项。累积方差解释率达 80.67%，相较于 50% 的经验阈值，数据分析得出的数值明显高于经验阈值，与此同时，所有测量题项的因子载荷都高于 0.5。

表 5-26　市场绩效因子负荷矩阵

测量题项	共同性	累积方差解释率	提取的因子
			因子 1
市场绩效 1	0.784		0.885
市场绩效 2	0.799	80.67%	0.894
市场绩效 3	0.837		0.915

资料来源：笔者整理。

表 5-27 展示了财务绩效的探索性因子分析结果。分析后得到 1 个因子（财务绩效）。其中包含财务绩效 1 至财务绩效 4，共 4 个测量题项。累积方差解释率达 77.78%，相较于 50% 的经验阈值，数据分析得出的数值明显高于经验阈值，与此同时，所有测量题项的因子载荷都高于 0.5。

表 5-27　财务绩效因子负荷矩阵

测量题项	共同性	累积方差解释率	提取的因子
			因子 1
财务绩效 1	0.743		0.862
财务绩效 2	0.819	77.78%	0.905
财务绩效 3	0.784		0.885
财务绩效 4	0.765		0.875

资料来源：笔者整理。

表 5-28 展示了创新绩效的探索性因子分析结果。分析后得到 1 个因子（创新绩效）。其中包含创新绩效 1 至创新绩效 5，共 5 个测量题项。累积方差解释率达 80.61%，相较于 50% 的经验阈值，数据分析得出的数值明显高于经验阈值，与此同时，所有测量题项的因子载荷都高于 0.5。

表 5-28 创新绩效因子负荷矩阵

测量题项	共同性	累积方差解释率	提取的因子
			因子 1
创新绩效 1	0.806		0.898
创新绩效 2	0.778		0.882
创新绩效 3	0.833	80.61%	0.912
创新绩效 4	0.809		0.899
创新绩效 5	0.804		0.897

资料来源：笔者整理。

由上文可以看出，本研究问卷量表部分的测量题项整体上满足了正式问卷的发放标准。本调查问卷除去量表部分外，还包括基本情况调查问题，调查问卷的详细内容参见附录 2。

5.4 数据收集

5.4.1 问卷发放原则

数据质量是问卷研究的首要之责，必须得到保证。因此，必须重视收集数据的方法以及收集数据的过程，否则低质量数据会对研究结果的准确性带来坏的影响，以至于研究结论不具普遍适用性，甚至得出错误的结论。为此，本研究进行的问卷调查在操作上遵循以下规则：

第一，调查渠道多样。问卷调查法要求尽可能广泛地收集数据以保证问卷的回收率和质量，为此，笔者依托学院的企业培训班、导师私人的企业关系等线上线下渠道广发问卷；同时，借助专业的调查机构增大问卷量和调查效率。

第二，发放地的选择具有代表性。考虑到样本的可获得性以及代表性，笔者向在长三角地区、珠三角地区、京津冀地区以及成渝地区注册的工业互联网平台企业用户发起随机调研。这四个区域是国内较为发达的地区，其创新水平又存在差异。

第三，对象选择的准确性。本研究探讨工业互联网平台企业用户价值共创行为及其影响因素以及企业用户价值共创行为与绩效的关系。调研对象首先是使用工业互联网平台的企业；其次，由于工业互联网平台是传统制造业企业转型升级的重要抓手，是"互联网+"在工业领域的应用，因此，本研究进一步将调研对象确定为制造业企业；最后，笔者采用问卷调查法进行实证研究，填写问卷的是具体的企业员工，而前文的影响因素分析中涉及高管支持，因此本研究的调研对象确定为工业互联网平台制造业企业用户的高管人员。

5.4.2　正式调研数据收集

本研究的正式调研工作从2022年12月开始至2023年2月结束，共发出调查问卷573份，收回问卷568份，为了确保回收问卷的质量，剔除了部分无效问卷，总共得到有效问卷451份，问卷有效率为79.4%。

5.5　数据分析

5.5.1　描述性统计分析

表5-29呈现了样本的描述性统计分析。从调研层级上来说，由于本研究涉及高管支持，因此问卷只保留了企业高层管理人员和职能部门高层管理人员的数据；其中，企业高层占比为51.6%，职能部门高层占比为48.4%。从企业年龄上来说，使用工业互联网平台和参与互动的企业用户普遍成立10年以上，占比达85.8%，具备相关的经济和基础设施等条件基础；从企业规模上来说，大部分企业用户的员工人数为1000人以上，其占比达到84.9%，这符合上述的企业年龄逻辑，另外，工业互联网平台有助于企业提质增效，规模越大的传统制造企业对其需求更大；最后，从企业用户的性质上来说，主要为民营企业和国有企业，其中民营企业的占比达70.9%，广大民营企业对自身的数字化转型展现出更高的积极性。总体上而言，本研究取得的样本对总体特征的反映较为真实和准确。另外，考虑到企业性质为分类变量，因此，在后续的数据分析中笔者进行了虚拟化处理，即国有赋值1，民营、中外合资、外商独资以及其他类型的样本赋值2。

表 5-29 样本描述性统计

题项	选项	数量	比例	题项	选项	数量	比例
调研层级	企业高层管理人员	232	51.6%	企业年龄	1年内	/	/
	职能部门高层管理人员	219	48.4%		1~3年	/	/
	职能部门中层管理人员	/	/		3~5年	6	1.3%
	职能部门基层管理人员	/	/		5~10年	59	13.1%
	其他	/	/		10年以上	386	85.8%
企业规模	少于100人	8	1.8%	企业性质	国有	131	29%
	100~200人	/	/		民营	320	70.9%
	201~500人	15	3.3%		中外合资	/	/
	501~1000人	46	10.2%		外商独资	/	/
	1000人以上	382	84.9%		其他	/	/

资料来源：笔者整理。

5.5.2 共同方法偏差检验

共同方法偏差（CMB）指的是由同样的数据来源或评分者、同样的测量环境、项目语境以及项目本身特征所造成的预测变量与效标变量之间人为的共变。这种人为的共变会对研究结果产生严重的混淆并对结论有潜在的误导性，是一种系统误差。共同方法偏差广泛存在于心理学、行为科学研究中，特别是采用问卷法的研究中。

共同方法偏差可能导致研究者得出错误的结论，进而对研究的科学性和客观性产生重大影响。因此，在本研究设计阶段，为确保后续研究不受影响，笔者通过对原始数据的收集进行事前控制，以解决共同方法偏差问题。此外，共同偏差检验是数据分析的关键环节，本书采用 Harman 的单因素检验方法处理研究数据，结果见表 5-30。在旋转结果中，共有 13 个特征值大于 1 的因子，且第一个因子的解释总方差为 31.2%，低于参考临界值 40%。因此，本研究成功避免了共同方法偏差问题。

表 5-30 未旋转主成分分析结果

主成分	初始特征值			提取载荷平方和		
	总计	方差百分比（%）	累积（%）	总计	方差百分比（%）	累积（%）
1	19.032	31.2	31.2	19.032	31.2	31.2

续表

主成分	初始特征值			提取载荷平方和		
	总计	方差百分比（%）	累积（%）	总计	方差百分比（%）	累积（%）
2	3.127	5.127	36.327	3.127	5.127	36.327
3	2.848	4.669	40.995	2.848	4.669	40.995
4	2.493	4.087	45.082	2.493	4.087	45.082
5	2.333	3.825	48.907	2.333	3.825	48.907
6	2.139	3.507	52.414	2.139	3.507	52.414
7	2.056	3.37	55.784	2.056	3.37	55.784
8	1.933	3.168	58.952	1.933	3.168	58.952
9	1.811	2.969	61.921	1.811	2.969	61.921
10	1.737	2.848	64.769	1.737	2.848	64.769
11	1.568	2.571	67.339	1.568	2.571	67.339
12	1.347	2.207	69.547	1.347	2.207	69.547
13	1.255	2.057	71.604	1.255	2.057	71.604

资料来源：笔者整理。

5.5.3 信度和效度分析

1. 信度分析

信度分析的目的、判断一个量表信度高低的指标以及合格量表对信度的最低要求值等相关内容，笔者已经在预调研部分进行了详细的阐述，在调研数据的信度分析中不再赘述。信度分析结果如表5-31所示。根据分析的结果可知，各变量的 Cronbach's Alpha 系数位于 0.862~0.932 区间内，数值均大于 0.7，表明各变量有着比较好的内部一致性，具有可信度。

表5-31 信度分析结果

变量	Cronbach's Alpha 系数	题项
感知数据保护技术有用性	0.867	4
感知数字化模型易用性	0.862	3
感知数字化模型有用性	0.878	4
社会影响	0.926	4
高管支持	0.916	7

续表

变量	Cronbach's Alpha 系数	题项
便利条件	0.881	5
契约控制	0.932	6
价值共创意愿	0.873	3
数字能力共建	0.882	6
方案共同设计	0.859	7
财务绩效	0.861	4
市场绩效	0.871	3
创新绩效	0.926	5
总量表	0.921	61

资料来源：笔者整理。

2. 效度分析

效度分析主要用于评估题目是否有效地传达了研究变量或维度的概念信息，简言之，就是评估题目设计的合理性、准确性和有效性，以及题目是否能有效测量研究中所需的变量。为确保测量变量的内部结构，需要进行验证性因子分析（CFA），并对收敛效度和区分效度进行检验。

在开展验证性因子分析时，首先要先对模型所涉及的卡方自由度比（x^2/df）、渐进残差均方和平方根（RMSEA）、比较适配指数（CFI）、规准适配指数（NFI）、调整后适配度指数（TLI）、规准适配指数（NFI）等拟合指标情况进行各因子模型拟合评估。相关指标的合格要求：$x^2/df<3$，则说明适配性较好；RMSEA<0.08，则表明适配性较好。另外，CFI、NFI、GFI、TLI 的值都应该高于 0.9。笔者通过对收集到的 451 个问卷样本数据进行分析，得到各因子模型的拟合指标信息，见表 5-32。

表 5-32 各因子模型拟合指标

模型	x^2	df	x^2/df	RMSEA	GFI	CFI	NFI	TLI
十三因子模型	2254.262	1517	1.486	0.033	0.939	0.954	0.902	0.950
十二因子模型	3037.91	1529	1.987	0.047	0.801	0.910	0.835	0.902
十一因子模型	3709.686	1597	2.323	0.054	0.763	0.877	0.804	0.869
十因子模型	4287.776	1665	2.575	0.059	0.720	0.850	0.778	0.841
九因子模型	5186.488	1674	3.098	0.068	0.663	0.799	0.731	0.788

续表

模型	x^2	df	x^2/df	RMSEA	GFI	CFI	NFI	TLI
八因子模型	5844.654	1682	3.475	0.074	0.636	0.762	0.697	0.750
七因子模型	6985.815	1689	4.136	0.083	0.576	0.697	0.638	0.683
六因子模型	7346.391	1695	4.334	0.086	0.565	0.677	0.619	0.663
五因子模型	8111.098	1700	4.771	0.092	0.541	0.634	0.579	0.619
四因子模型	8970.075	1763	5.088	0.095	0.521	0.594	0.542	0.579
三因子模型	9453.575	1766	5.353	0.098	0.511	0.567	0.517	0.551
二因子模型	10010.16	1768	5.662	0.102	0.498	0.536	0.489	0.520
单因子模型	11172.32	1769	6.316	0.109	0.469	0.470	0.430	0.452

注：十三因子模型：感知数据保护技术有用性、感知数字化模型易用性、感知数字化模型有用性、社会影响、高管支持、便利条件、价值共创意愿、数字能力共建、方案共同设计、财务绩效、市场绩效、创新绩效、契约控制各为一个因子；十二因子模型：财务绩效和市场绩效合并为一个因子，感知数据保护技术有用性、感知数字化模型易用性、感知数字化模型有用性、社会影响、高管支持、便利条件、价值共创意愿、数字能力共建、方案共同设计、创新绩效、契约控制各为一个因子；十一因子模型：三个绩效合并为一个因子，感知数据保护技术有用性、感知数字化模型易用性、感知数字化模型有用性、社会影响、高管支持、便利条件、价值共创意愿、数字能力共建、方案共同设计、契约控制各为一个因子（限于篇幅，此处不一一展开）。

首先，根据表5-32，通过对比后可知，表中的十三因子模型上的各项指标值都要优于其他因子模型上的各项指标值，这说明本研究构建的研究模型中的各变量之间具有良好的区分度。其次，观察十三因子模型上的各项指标发现：x^2/df 的值是 1.486 < 3，RMSEA 的值是 0.033 < 0.08，GFI 的值是 0.939 > 0.9，CFI 的值是 0.954 > 0.9，NFI 的值是 0.902 > 0.9，TLI 的值是 0.950 > 0.9，其余各项指标皆达到相应要求，模型拟合度较好。

接着，通过模型的验证性因子分析载荷来计算各维度的 CR（组合信度）和 AVE（平均方差萃取量）。通常来说，当 CR > 0.7 的时候，则说明潜变量可被其所有测量题项一致性地解释。若 AVE > 0.5，且 AVE 的平方根大于相关系数，则说明设计的量表具有良好的收敛和辨别效度，分析结果见表5-33。此外，量表的辨别效度分析结果具体参见表5-34。

从表5-33可知，各潜变量标准化因子载荷值均高于0.5，说明各题项都能较好地解释其所属的潜变量。各维度的 CR 值高于 0.7，表明潜变量可由其所有测量题项给出一致性的解释。表5-34结果显示，对角线上各潜变量的 AVE 高于相关系数，同时各潜变量自身的 AVE 高于 0.5，说明该量表具有较好的收敛和辨别效度。

表 5-33　各变量验证性因子分析结果

	Estimate	S. E.	C. R.	*P*	AVE	CR
社会影响	0.86				0.7576	0.9259
	0.865	0.044	23.99	***		
	0.897	0.043	25.593	***		
	0.859	0.043	23.745	***		
契约控制	0.818				0.6951	0.9319
	0.821	0.05	20.491	***		
	0.837	0.049	21.112	***		
	0.843	0.049	21.319	***		
	0.844	0.049	21.342	***		
	0.839	0.049	21.162	***		
价值共创意愿	0.807				0.6971	0.8734
	0.847	0.054	19.45	***		
	0.85	0.056	19.522	***		
感知数据保护技术有用性	0.82				0.6214	0.8676
	0.799	0.052	18.34	***		
	0.728	0.047	16.36	***		
	0.803	0.052	18.454	***		
感知数字化模型易用性	0.868				0.6773	0.8628
	0.805	0.047	19.235	***		
	0.794	0.048	18.948	***		
感知数字化模型有用性	0.829				0.6476	0.8797
	0.854	0.053	20.694	***		
	0.707	0.048	16.193	***		
	0.821	0.054	19.72	***		
高管支持	0.751				0.6097	0.9161
	0.756	0.06	16.34	***		
	0.749	0.062	16.177	***		
	0.831	0.066	18.183	***		
	0.827	0.066	18.076	***		
	0.787	0.063	17.095	***		
	0.76	0.06	16.451	***		

续表

	Estimate	S.E.	C.R.	P	AVE	CR
便利条件	0.805				0.6005	0.8821
	0.753	0.049	17.097	***		
	0.754	0.049	17.122	***		
	0.853	0.054	19.92	***		
	0.701	0.048	15.644	***		
数字能力共建	0.763				0.6511	0.9179
	0.757	0.091	11.901	***		
	0.808	0.081	11.173	***		
	0.845	0.095	14.352	***		
	0.819	0.094	14.057	***		
	0.845	0.093	14.357	***		
方案共同设计	0.768				0.6408	0.9258
	0.815	0.099	15.123	***		
	0.815	0.094	15.11	***		
	0.76	0.087	14.259	***		
	0.813	0.077	9.982	***		
	0.816	0.089	11.829	***		
	0.814	0.076	9.992	***		
市场绩效	0.857				0.6936	0.8716
	0.825	0.046	19.675	***		
	0.816	0.047	19.438	***		
财务绩效	0.779				0.6158	0.8643
	0.74	0.054	16.008	***		
	0.725	0.054	15.65	***		
	0.885	0.065	19.128	***		
创新绩效	0.799				0.7156	0.9263
	0.862	0.053	21.069	***		
	0.845	0.053	20.495	***		
	0.869	0.051	21.298	***		
	0.853	0.051	20.77	***		

注：***$P<0.01$；资料来源：笔者整理。

表 5-34 辨别效度检验

	A	B	C	D	E	F	G	H	I	J	K	L	M
A	0.8704												
B	0.4199*	0.8337											
C	0.4060*	0.4568*	0.8349										
D	0.3877*	0.3979*	0.3630*	0.7883									
E	0.4388*	0.4197*	0.3859*	0.4385*	0.8230								
F	0.4173*	0.3550*	0.3517*	0.3925*	0.4559*	0.8047							
G	0.3904*	0.4385*	0.3738*	0.4798*	0.4395*	0.4209*	0.7808						
H	0.3840*	0.4127*	0.4040*	0.4263*	0.4000*	0.4003*	0.5879*	0.7749					
I	0.4291*	0.3988*	0.4264*	0.4334*	0.3688*	0.3657*	0.4197*	0.3830*	0.8069				
J	0.3865*	0.3756*	0.3712*	0.3927*	0.3836*	0.3655*	0.4275*	0.3605*	0.4539*	0.8005			
K	0.3420*	0.3820*	0.3524*	0.3639*	0.3471*	0.3770*	0.3278*	0.3253*	0.4057*	0.3169*	0.8328		
L	0.3823*	0.3195*	0.3452*	0.3748*	0.3303*	0.3420*	0.3578*	0.3364*	0.4114*	0.4071*	0.3788*	0.7847	
M	0.3819*	0.3745*	0.3764*	0.3488*	0.3774*	0.3141*	0.3877*	0.3297*	0.4083*	0.3921*	0.3270*	0.3634*	0.8459

注：*$P<0.05$；感知数据保护技术有用性（A）、感知数字化模型易用性（B）、感知数字化模型有用性（C）、社会影响（D）、高管支持（E）、便利条件（F）、契约控制（G）、价值共创意愿（H）、数字能力共建（I）、共同方案设计（J）、市场绩效（K）、财务绩效（L）、创新绩效（M）；资料来源：笔者整理。

5.5.4 相关性分析

相关性分析是指对两个或多个具备相关性的变量元素进行分析，从而衡量两个变量因素的相关密切程度。相关性的元素之间需要存在一定的联系或者概率才可以进行相关性分析。相关性不等于因果性，也不是简单的个性化，相关性所涵盖的范围和领域几乎覆盖了生活的方方面面，在不同的学科里相关性的定义也有很大的差异。

本书利用 Pearson 相关系数法来分析各变量之间的相关关系，Pearson 相关系数通常是介于 -1 和 1 之间，大于 0 为正相关，反之为负相关，绝对值越大说明相关关系越紧密。13 个变量之间的相关关系系数结果见表 5-35。从表 5-35 的结果分析可以看出，各变量之间的相关性分析显著性 P 值均低于 0.05，表明变量之间均存在显著的相关性。

表 5-35 变量相关分析

	A	B	C	D	E	F	G	H	I	J	K	L	M
A	1												
B	0.4199*	1											
C	0.4060*	0.4568*	1										
D	0.3877*	03979*	0.3630*	1									
E	0.4388*	0.4197*	50.3859*	0.4385*	1								
F	0.4173*	0.3550*	0.3517*	0.3925*	0.4559*	1							
G	0.3904*	0.4385*	0.3738*	0.4798*	0.4395*	0.4209*	1						
H	0.3840*	0.4127*	0.4040*	0.4263*	0.4000*	0.4003*	0.5879*	1					
I	0.4291*	0.3988*	0.4264*	0.4334*	0.3688*	0.3657*	0.4197*	03830*	1				
J	0.3865*	0.3756*	0.3712*	0.3927*	0.3836*	03655*	04275*	0.3605*	0.4539*	1			
K	0.3420*	0.3820*	0.3524*	0.3639*	0.3471*	0.3770*	0.3278*	0.3253*	0.4057*	0.3169*	1		
L	0.3823*	0.3195*	0.8328*	0.3452*	0.3748*	0.3303*	0.3420*	0.3578*	03364*	0.4114*	0.4071*	0.3788*	1
M	0.3819*	0.3745*	0.3764*	0.3488*	0.3774*	0.3141*	0.3877*	0.03297*	0.4083*	0.3921*	0.3270*	0.3634*	1

注：*$P<0.05$；感知数据保护技术有用性（A）、感知数字化模型易用性（B）、感知数字化模型有用性（C）、社会影响（D）、高管支持（E）、便利条件（F）、契约控制（G）、价值共创意愿（H）、数字能力共建（I）、共同方案设计（J）、市场绩效（K）、财务绩效（L）、创新绩效（M）；资料来源：笔者整理。

5.5.5 多重共线性检验

多重共线性问题可能会导致变量之间的精确相关关系或高度相关关系估计失真或难以准确估计。笔者参考杨林、余玲玲、赵艺璇等学者的研究，计算了后续分析中使用的所有自变量的方差膨胀因子 VIF 和容差。由于本研究的企业绩效涉及三个维度，因此分别进行三次计算。从三次分析的结果可知，所有的 VIF 值最高的为 1.891，低于阈值 5，远低于 10，且所有表中的容差值都高于阈值 0.2，这表明变量之间不存在多重共线性问题。具体统计分析结果如表 5-36、表 5-37 和表 5-38 所示。

表 5-36 财务绩效多重共线性统计量

模型	未标准化系数		标准化系数	t	显著性	共线性统计	
	B	标准错误	Beta			容差	VIF
常量	2.404	0.789		3.048	0.002		
企业年龄	-0.324	0.153	-0.094	-2.120	0.035	0.811	1.232
企业规模	0.014	0.077	0.008	0.183	0.855	0.785	1.274
企业性质	-0.141	0.107	-0.055	-1.315	0.189	0.903	1.107
感知数据保护技术有用性	0.114	0.048	0.119	2.380	0.018	0.640	1.562
感知数字化模型易用性	0.011	0.045	0.012	0.241	0.810	0.636	1.572
感知数字化模型有用性	0.073	0.047	0.077	1.557	0.120	0.653	1.532
社会影响	0.088	0.042	0.106	2.087	0.037	0.620	1.612
高管支持	0.022	0.052	0.022	0.430	0.667	0.621	1.609
便利条件	0.064	0.049	0.064	1.311	0.190	0.663	1.509
契约控制	0.038	0.052	0.040	0.731	0.465	0.529	1.891
价值共创意愿	0.036	0.045	0.042	0.798	0.426	0.572	1.748
数字能力共建	0.140	0.050	0.143	2.812	0.005	0.620	1.614
方案共同设计	0.182	0.057	0.158	3.188	0.002	0.649	1.541

注：因变量为财务绩效；资料来源：笔者整理。

表 5-37 市场绩效多重共线性统计量

模型	未标准化系数		标准化系数	t	显著性	共线性统计	
	B	标准错误	Beta			容差	VIF
常量	1.448	0.963		1.503	0.134		
企业年龄	-0.300	0.187	-0.072	-1.604	0.109	0.811	1.232
企业规模	0.088	0.094	0.042	0.929	0.353	0.785	1.274
企业性质	0.060	0.131	0.020	0.462	0.645	0.903	1.107
感知数据保护技术有用性	0.055	0.059	0.047	0.936	0.350	0.640	1.562
感知数字化模型易用性	0.139	0.055	0.129	2.541	0.011	0.636	1.572
感知数字化模型有用性	0.088	0.057	0.077	1.538	0.125	0.653	1.532
社会影响	0.090	0.052	0.090	1.751	0.081	0.620	1.612
高管支持	0.066	0.063	0.054	1.051	0.294	0.621	1.609
便利条件	0.167	0.060	0.138	2.788	0.006	0.663	1.509
契约控制	-0.008	0.064	-0.007	-0.132	0.895	0.529	1.891

续表

模型	未标准化系数		标准化系数	t	显著性	共线性统计	
	B	标准错误	Beta			容差	VIF
价值共创意愿	0.043	0.055	0.042	0.783	0.434	0.572	1.748
数字能力共建	0.195	0.061	0.164	3.209	0.001	0.620	1.614
方案共同设计	0.040	0.070	0.029	0.573	0.567	0.649	1.541

注：因变量为市场绩效；资料来源：笔者整理。

表5-38 创新绩效多重共线性统计量

模型	未标准化系数		标准化系数	t	显著性	共线性统计	
	B	标准错误	Beta			容差	VIF
常量	-0.356	0.884		-0.402	0.688		
企业年龄	-0.006	0.171	-0.002	-0.034	0.973	0.811	1.232
企业规模	0.092	0.087	0.048	1.063	0.288	0.785	1.274
企业性质	0.244	0.120	0.085	2.036	0.042	0.903	1.107
感知数据保护技术有用性	0.107	0.054	0.099	2.000	0.046	0.640	1.562
感知数字化模型易用性	0.081	0.050	0.081	1.625	0.105	0.636	1.572
感知数字化模型有用性	0.101	0.053	0.094	1.907	0.057	0.653	1.532
社会影响	0.027	0.047	0.029	0.570	0.569	0.620	1.612
高管支持	0.110	0.058	0.096	1.899	0.058	0.621	1.609
便利条件	0.015	0.055	0.014	0.277	0.782	0.663	1.509
契约控制	0.101	0.059	0.094	1.729	0.084	0.529	1.891
价值共创意愿	0.012	0.050	0.013	0.244	0.807	0.572	1.748
数字能力共建	0.147	0.056	0.133	2.641	0.009	0.620	1.614
方案共同设计	0.167	0.064	0.129	2.618	0.009	0.649	1.541

注：因变量为创新绩效；资料来源：笔者整理。

第6章 假设检验与结果讨论

在第4章中，笔者基于技术接受模型理论和价值共创理论，结合第3章的扎根理论研究分析所获得的研究结果，构建了工业互联网平台企业用户价值共创行为影响因素研究模型。在本章中，笔者将通过对问卷数据的分析，逐一检验第4章中所提出的所有假设，并对检验结果进行讨论。

6.1 平台因素与价值共创意愿的研究假设检验

首先，在检验中，笔者将价值共创意愿作为被解释变量，同时将感知数据保护技术有用性作为解释变量。与此同时，在回归方程中输入上文中所提出的控制变量，即企业性质、企业年龄以及企业规模，以此为基础建立检验模型1用以检验感知数据保护技术有用性对价值共创意愿的影响，具体如表6-1所示。模型的分析结果显示，感知数据保护技术有用性的系数为0.436，同时，其对应的 P 值低于0.01，这一结果说明感知数据保护技术有用性与价值共创意愿呈现显著的正向关系，即感知数据保护技术有用性显著正向影响工业互联网平台企业用户价值共创意愿，假设H1得到验证。

其次，笔者将价值共创意愿作为被解释变量，感知数字化模型易用性作为解释变量。用同样的检验流程，即将本研究所涉及的企业年龄、企业规模以及企业性质这三个控制变量纳入回归方程中，以此为基础建立模型2以检验感知数字化模型易用性对价值共创意愿的影响，具体的检验结果如表6-1所示。由回归结果可知，感知数字化模型易用性的系数为0.438，对应的 P 值低于0.01，说明感知数字化模型易用性与价值共创意愿呈现显著的正向关系，即感知数字化模型易用性显著正向影响工业互联网平台企业用户价值共创意愿，假设H2得到验证。

接下来，以同样的建模方式，笔者将感知数字化模型有用性作为欲建模型的解释变量，将价值共创意愿作为欲建模型的被解释变量。然后继续将本研究所涉及的企业年龄、企业规模以及企业性质这三个控制变量纳入回归方程中，以此为基础建立检验模型3进行多元线性回归。从分析结果可知，感知数字化模型有用性的系数为0.459，对应的P值低于0.01，说明感知数字化模型有用性与共创意愿呈现显著的正向关系，即感知数字化模型有用性显著正向影响工业互联网平台企业用户价值共创意愿，假设H3得到验证。

最后，在所建立的模型4和模型5中，笔者检验了感知数据保护技术有用性、感知数字化模型易用性和感知数字化模型有用性联合对工业互联网平台企业用户价值共创意愿的影响。从模型4和模型5的分析结果可知，它们的系数都为正，且正向关系显著，具体如表6-1所示，说明假设H1至H3再次得到验证。

表6-1 平台因素与价值共创意愿检验结果

变量	模型1 价值共创意愿	模型2 价值共创意愿	模型3 价值共创意愿	模型4 价值共创意愿	模型5 价值共创意愿
感知数据保护技术有用性	0.436*** (0.050)			0.226*** (0.053)	0.225*** (0.053)
感知数字化模型易用性		0.438*** (0.046)		0.242*** (0.050)	0.243*** (0.051)
感知数字化模型有用性			0.459*** (0.049)	0.246*** (0.053)	0.251*** (0.054)
企业年龄	0.087 (0.197)	0.129 (0.194)	0.092 (0.195)		0.076 (0.184)
企业规模	0.013 (0.097)	-0.004 (0.096)	-0.021 (0.096)		-0.017 (0.091)
企业性质	-0.114 (0.137)	-0.129 (0.135)	-0.181 (0.136)		-0.187 (0.128)
常数项	1.353 (0.997)	1.274 (0.983)	1.662* (0.983)	0.857*** (0.182)	0.875 (0.933)
N	451	451	451	451	451
R^2	0.147	0.170	0.163	0.259	0.264
adj. R^2	0.146	0.168	0.161	0.254	0.254

注：$*P<0.1$，$**P<0.05$，$***P<0.01$。

6.2 社会因素、企业用户因素与价值共创意愿的研究假设检验

研究所建立的检验模型 1 以价值共创意愿作为检验模型的被解释变量，以社会影响作为模型的解释变量。此外，笔者在所建立的模型 1 中同样输入了上文中所设定的企业规模、企业年龄以及企业性质这三个控制变量，以此模型进行多元线性回归检验社会影响对用户企业价值共创意愿的影响（具体结果见表 6-2 所示）。由回归结果可以看到，社会影响的系数为 0.427，对应的 P 值低于 0.01，说明社会影响与价值共创意愿呈现显著的正向关系，即社会影响显著正向影响工业互联网平台企业用户价值共创意愿，假设 H4 得到验证。

以同样的建模逻辑，笔者将价值共创意愿作为检验模型的被解释变量，以高管支持作为模型的解释变量。将本研究所涉及的企业年龄、企业规模以及企业性质这三个控制变量纳入回归方程，以此为基础建立检验模型 2，用以检验高管支持对企业用户价值共创意愿的影响（具体结果如表 6-2 所示）。由回归结果可知，高管支持的系数为 0.484，对应的 P 值低于 0.01，说明高管支持与价值共创意愿呈现显著的正向关系，即高管支持显著正向影响工业互联网平台企业用户价值共创意愿，假设 H5 得到验证。

最后以同样的建模方式，笔者将便利条件作为解释变量，将价值共创意愿作为被解释变量。同样将本研究中所涉及的企业的年龄、规模和性质这三个控制变量纳入回归方程中，以此建立模型 3 进行多元线性回归，检验便利条件对价值共创意愿的影响（见表 6-2）。根据分析结果可知，便利条件的系数为 0.475，对应的 P 值小于 0.01，说明便利条件与价值共创意愿呈现显著的正向关系，即便利条件显著正向影响工业互联网平台企业用户价值共创意愿，假设 H6 得到验证。

为了探讨社会影响、高管支持和便利条件联合对工业互联网平台企业用户价值共创意愿的影响，本研究建立了模型 4 和模型 5 进行分析（见表 6-2）。根据模型 4 和模型 5 的分析结果可知，它们的系数都为正且正向关系显著，说明假设 H4 至 H6 再次得到验证。

表6-2 社会因素、企业用户因素与价值共创意愿检验结果

变量	模型1 价值共创意愿	模型2 价值共创意愿	模型3 价值共创意愿	模型4 价值共创意愿	模型5 价值共创意愿
社会影响	0.427*** (0.043)			0.257*** (0.046)	0.263*** (0.046)
高管支持		0.484*** (0.052)		0.229*** (0.058)	0.229*** (0.058)
便利条件			0.475*** (0.051)	0.251*** (0.055)	0.251*** (0.055)
企业年龄	0.121 (0.193)	0.153 (0.196)	0.204 (0.196)		0.164 (0.182)
企业规模	-0.099 (0.096)	-0.042 (0.097)	-0.035 (0.097)		-0.109 (0.091)
企业性质	-0.158 (0.134)	-0.098 (0.136)	-0.066 (0.136)		-0.136 (0.127)
常数项	1.830* (0.971)	1.201 (0.991)	0.926 (0.995)	0.809*** (0.181)	0.747 (0.930)
N	451	451	451	451	451
R^2	0.186	0.163	0.163	0.271	0.276
adj. R^2	0.179	0.155	0.156	0.267	0.266

注：$*P<0.1$，$**P<0.05$，$***P<0.01$。

6.3 平台因素与价值共创行为的研究假设检验

首先，检验感知数据保护技术有用性与数字能力共建行为的研究假设。笔者将数字能力共建作为被解释变量，将感知数据保护技术有用性作为解释变量。在此基础上，将本研究中所涉及的企业的年龄、规模和性质这三个控制变量纳入回归方程，以此建立模型1，如表6-1所示。分析结果显示感知数据保护技术有用性的系数为0.420，对应的P值低于0.01，说明感知数据保护技术有用性与共创意愿呈现显著的正向关系，即感知数据保护技术有用性显著正向影响工业互联网平台企业用户数字能力共建行为，假设H7得到验证。

然后，同样将数字能力共建行为作为被解释变量，笔者将感知数字化模型易用性作为解释变量。同时将本研究所涉及的企业的年龄、规模和性质这三个控制变量纳入回归方程，以此建立模型2以检验感知数字化模型易用性与数字能力共建行为的研究假设。检验结果如表6-1所示，由回归结果可知，感知数字化模型易用性的系数为0.362，对应的P值低于0.01，说明感知数字化模型易用性与数字能力共建呈现显著的正向关系，即感知数字化模型易用性显著正向影响工业互联网平台企业用户数字能力共建行为，假设H9得到验证。

然后以同样的建模方式，笔者将感知数字化模型有用性作为解释变量，将数字能力共建作为被解释变量。同样将本研究所涉及的企业的年龄、规模和性质这三个控制变量纳入回归方程中，以此建立模型3进行多元线性回归。根据分析结果可知，感知数字化模型有用性的系数为0.413，对应的P值低于0.01，说明感知数字化模型有用性与数字能力共建呈现显著的正向关系，即感知数字化模型有用性显著正向影响工业互联网平台企业用户数字能力共建行为，假设H11得到验证。

以同样的方式分别建立回归模型4、模型5和模型6以分别检验感知数据保护技术有用性、感知数字化模型易用性和感知数字化模型有用性与工业互联网平台企业用户方案共同设计行为的研究假设。通过表6-3的分析结果可知，上述三个变量的系数分别为0.323、0.292和0.310，对应的P值均低于0.01，由此可知，感知数据保护技术有用性、感知数字化模型易用性和感知数字化模型有用性均正向显著影响工业互联网平台企业用户方案共同设计行为，即假设H8、假设H10和假设H12得到验证。

表6-3 平台因素与价值共创行为检验结果

变量	模型1 数字能力共建	模型2 数字能力共建	模型3 数字能力共建	模型4 方案共同设计	模型5 方案共同设计	模型6 方案共同设计
感知数据保护技术有用性	0.420*** (0.042)			0.323*** (0.036)		
感知数字化模型易用性		0.362*** (0.039)			0.292*** (0.034)	

续表

变量	模型1 数字能力共建	模型2 数字能力共建	模型3 数字能力共建	模型4 方案共同设计	模型5 方案共同设计	模型6 方案共同设计
感知数字化模型有用性			0.413*** (0.042)			0.310*** (0.036)
企业年龄	-0.079 (0.166)	-0.036 (0.168)	-0.071 (0.166)	-0.033 (0.144)	-0.001 (0.145)	-0.026 (0.145)
企业规模	0.195** (0.082)	0.182** (0.083)	0.165** (0.082)	-0.121* (0.071)	-0.132* (0.071)	-0.144** (0.072)
企业性质	-0.003 (0.115)	-0.009 (0.117)	-0.060 (0.116)	0.063 (0.100)	0.057 (0.101)	0.022 (0.101)
常数项	1.109 (0.837)	1.175 (0.851)	1.449* (0.836)	2.778*** (0.729)	2.796*** (0.733)	3.050*** (0.731)
N	451	451	451	451	451	451
R^2	0.195	0.169	0.191	0.159	0.151	0.148
adj. R^2	0.188	0.162	0.184	0.151	0.143	0.141

注：*$P<0.1$，**$P<0.05$，***$P<0.01$。

6.4 社会因素与价值共创行为的研究假设检验

为验证社会影响与工业互联网平台企业用户价值共创行为的研究假设，笔者分别建立回归模型1和模型2，分别验证社会影响与工业互联网平台企业用户的数字能力共建行为和方案共同设计行为的研究假设。同样地，两个模型中均将本研究所涉及的企业的年龄、规模和性质这三个控制变量纳入回归方程。具体分析结果如表6-4所示。由分析结果可知，模型1中社会影响的系数为0.364，对应的P值低于0.01，说明社会影响与数字能力共建呈现显著的正向关系，即社会影响显著正向影响工业互联网平台企业用户数字能力共建行为，假设H13得到验证。模型2中社会影响的系数为0.296，对应的P值低于0.01，说明社会影响与方案共同设计呈现显著的正向关系，即社会影响显著正向影响工业互联网平台企业用户方案共同设计行为，假设H14得到验证。

表6-4 社会因素与价值共创行为检验结果

变量	模型1 数字能力共建	模型2 方案共同设计
社会影响	0.364***	0.296***
	(0.037)	(0.032)
企业年龄	-0.043	-0.007
	(0.166)	(0.143)
企业规模	0.100	-0.199***
	(0.082)	(0.071)
企业性质	-0.036	0.035
	(0.115)	(0.099)
常数项	1.622*	3.154***
	(0.835)	(0.719)
N	451	451
R^2	0.191	0.173
adj. R^2	0.184	0.166

注：$*P<0.1$，$**P<0.05$，$***P<0.01$。

6.5 企业用户因素与价值共创行为的研究假设检验

以同样的建模方式建立模型1、模型2、模型3和模型4，分别检验高管支持与数字能力共建的研究假设、便利条件与数字能力共建的研究假设、高管支持与方案共同设计的研究假设、便利条件与方案共同设计的研究假设，分析结果如表6-5所示。通过分析结果可知，高管支持和便利条件的系数分别为0.378、0.369、0.364和0.323，对应的P值均低于0.01，由此可知，高管支持和便利条件均正向显著影响工业互联网平台企业用户的数字能力共建行为和方案共同设计行为，即假设H15、假设H17、假设H16和假设H18得到验证。

表6-5 企业用户因素与价值共创行为检验结果

变量	模型1 数字能力共建	模型2 数字能力共建	模型3 方案共同设计	模型4 方案共同设计
高管支持	0.378*** (0.046)		0.346*** (0.039)	
便利条件		0.369*** (0.045)		0.323*** (0.038)
企业年龄	-0.017 (0.171)	0.023 (0.171)	0.015 (0.144)	0.050 (0.145)
企业规模	0.152* (0.084)	0.159* (0.084)	-0.161** (0.071)	-0.153** (0.072)
企业性质	0.018 (0.119)	0.043 (0.119)	0.076 (0.100)	0.099 (0.101)
常数项	1.166 (0.865)	0.958 (0.869)	2.693*** (0.729)	2.547*** (0.739)
N	451	451	451	451
R^2	0.143	0.142	0.161	0.147
adj. R^2	0.135	0.134	0.154	0.139

注：$*P<0.1$，$**P<0.05$，$***P<0.01$。

6.6 契约控制作用的研究假设检验

6.6.1 契约控制的调节作用

在契约控制的调节检验分析中笔者借鉴杨淑雅、于飞等人的研究，利用Stata对契约控制的调节作用进行检验。

1. 契约控制在平台因素与价值共创意愿间的调节检验

为检验假设H7，笔者将价值共创意愿作为被解释变量，以感知数据保护技术有用性、契约控制作为解释变量，以企业年龄、企业规模和企业性质作为控制变量，建立多元线性回归模型1。由回归分析结果可知，感知数据保护技术有用性的系数为0.207，对应的P值低于0.01，说明感知数据保护技术有用性与价值共创意愿呈现显著的正向关系，契约控制与价值共创意愿呈现显著的正向关系（$\beta=0.584$，$P<0.01$）。R^2为0.378，说明自变量能够解释因变量的37.8%的信息。接着加入感知数据保护技术有用性与契约控制的交互项建立回归模型2。由回归结果可知，契约控制与价值共创意愿呈现显著的正向关系（$\beta=0.217$，$P<0.1$）。感知数据保护技术有用性与契约控制的交互项与共创意愿呈现显著的正向关系（$\beta=0.113$，$P<0.01$）。模型2的R^2为0.390，与模型1相比提高了，交互项显著为正，说明契约控制在感知数据保护技术有用性和价值共创意愿之间存在正向调节作用，即假设H19得到验证（如表6-6所示）。

表6-6 契约控制在感知数据保护技术有用性和价值共创意愿之间的调节作用检验

变量	模型1 价值共创意愿	模型2 价值共创意愿
契约控制	0.584*** (0.046)	0.217* (0.132)
感知数据保护技术有用性	0.207*** (0.046)	-0.119 (0.119)
c.契约控制#c.感知数据保护技术有用性		0.113*** (0.038)
企业年龄	0.103 (0.169)	0.095 (0.167)
企业规模	-0.006 (0.083)	-0.008 (0.083)
企业性质	-0.158 (0.117)	-0.143 (0.116)
常数项	0.439 (0.857)	1.460 (0.917)
N	451	451
R^2	0.378	0.390
adj. R^2	0.371	0.382

注：$*P<0.1$，$**P<0.05$，$***P<0.01$。

为检验假设H20，笔者首先以价值共创意愿作为被解释变量，以感知数字化模型易用性、契约控制作为解释变量，以企业年龄、企业规模和企业性质作为控制变量,建立多元线性回归模型1。由表6-7可知,感知数字化模型易用性与价值共创意愿呈现显著的正向关系($\beta=0.204$,$P<0.01$),契约控制与共创意愿呈现显著的正向关系($\beta=0.569$,$P<0.01$),其中R^2为0.38,说明自变量能够解释因变量的38%的信息。然后基于模型1加入感知数字化模型易用性与契约控制的交互项建立回归模型2进行分析,从表6-7的分析结果可知,契约控制与价值共创意愿呈现显著的正向关系($\beta=0.207$,$P<0.1$)。感知数字化模型易用性与契约控制的交互项与价值共创意愿呈现显著的正向关系($\beta=0.113$,$P<0.01$)。模型2的R^2为0.393,与模型1相比提高了,交互项显著为正,说明契约控制在感知数字化模型易用性和价值共创意愿之间存在正向调节作用,即假设H20得到验证。

表6-7 契约控制在数字化模型易用性和价值共创意愿之间的调节作用检验

变量	模型1 价值共创意愿	模型2 价值共创意愿
契约控制	0.569*** (0.047)	0.207* (0.123)
感知数字化模型易用性	0.204*** (0.044)	-0.116 (0.110)
c. 契约控制#c. 感知数字化模型易用性		0.113*** (0.036)
企业年龄	0.124 (0.169)	0.060 (0.168)
企业规模	-0.013 (0.083)	0.010 (0.083)
企业性质	-0.163 (0.117)	-0.183 (0.116)
常数项	0.447 (0.856)	1.629* (0.925)
N	451	451
R^2	0.380	0.393
adj. R^2	0.373	0.385

注:*$P<0.1$,**$P<0.05$,***$P<0.01$。

模型1中以价值共创意愿作为被解释变量,以感知数字化模型有用性、契约控制作为解释变量,以企业年龄、企业规模和企业性质作为控制变量,进行多元线性回归对假设 H21 进行检验(如表 6-8 所示)。从表 6-8 可知,感知数字化模型有用性与价值共创意愿呈现显著的正向关系($\beta = 0.246$,$P < 0.01$),契约控制与价值共创意愿呈现显著的正向关系($\beta = 0.573$,$P < 0.01$)。R^2 为 0.39,说明自变量能够解释因变量的 39% 的信息。同样地,基于模型 1,加入感知数字化模型有用性与契约控制的交互项建立模型 2 进行回归分析。由回归结果可知,契约控制与价值共创意愿呈现正向关系($\beta = 0.042$,$P > 0.1$)。感知数字化模型有用性与契约控制的交互项与价值共创意愿呈现显著的正向关系($\beta = 0.185$,$P < 0.01$)。模型 2 的 R^2 为 0.426,与模型 1 相比提高了,交互项显著为正,说明契约控制在感知数字化模型有用性和价值共创意愿之间存在正向调节作用,即假设 H21 得到验证。

表 6-8 契约控制在感知数字化模型有用性和价值共创意愿之间的调节作用检验

变量	模型 1 价值共创意愿	模型 2 价值共创意愿
契约控制	0.573*** (0.045)	0.042 (0.110)
感知数字化模型有用性	0.246*** (0.045)	-0.315*** (0.115)
c. 契约控制#c. 感知数字化模型有用性		0.185*** (0.035)
企业年龄	0.102 (0.167)	0.111 (0.162)
企业规模	-0.024 (0.083)	-0.021 (0.080)
企业性质	-0.195* (0.116)	-0.143 (0.114)
常数项	0.572 (0.847)	1.938** (0.863)
N	451	451
R^2	0.390	0.426
adj. R^2	0.383	0.418

注:* $P < 0.1$,** $P < 0.05$,*** $P < 0.01$。

2. 契约控制在社会因素与价值共创意愿间的调节检验

以价值共创意愿作为被解释变量,以社会影响、契约控制作为解释变量,以企业年龄、企业规模和企业性质作为控制变量建立模型 1 进行多元线性回归分析(如表 6-9 所示)。然后加入社会影响与契约控制的交互项建立模型 2 进行回归分析。由回归结果可知,社会影响与契约控制的交互项与共创意愿呈现不显著的影响关系($\beta=0.159$, $P>0.1$),说明契约控制在社会影响和价值共创意愿之间不存在显著的正向调节作用,即假设 H22 没有得到验证支持结果。

表 6-9 契约控制在社会影响和价值共创意愿之间的调节作用检验

变量	模型 1 共创意愿	模型 2 共创意愿
契约控制	0.562*** (0.048)	0.041 (0.122)
社会影响	0.188*** (0.043)	-0.257** (0.105)
c. 契约控制#c. 社会影响		0.159 (0.134)
企业年龄	0.121 (0.169)	0.092 (0.165)
企业规模	-0.054 (0.084)	-0.061 (0.082)
企业性质	-0.173 (0.118)	-0.158 (0.115)
常数项	0.736 (0.856)	2.214** (0.896)
N	451	451
R^2	0.377	0.406
adj. R^2	0.370	0.398

注:$*P<0.1$,$**P<0.05$,$***P<0.01$。

3. 契约控制在企业用户因素与价值共创意愿间的调节检验

检验模型 1 中以价值共创意愿作为被解释变量,以高管支持、契约控制作为解释变量,以企业年龄、企业规模和企业性质作为控制变量,进行多元线性回归(如表6-10所示)。由回归结果可知,高管支持与价值共创意愿呈现显著的正向关系($\beta=0.212$,$P<0.01$),契约控制与价值共创意愿呈现显著的正向关系($\beta=0.577$,$P<0.01$)。R^2为0.374,说明自变量能够解释因变量的37.4%的信息。随后在模型2中加入高管支持与契约控制的交互项进行回归分析。由回归结果可知,高管支持与契约控制的交互项与价值共创意愿呈现显著的正向关系($\beta=0.207$,$P<0.01$)。模型2的R^2为0.409,与模型1相比提高了,交互项显著为正,说明契约控制在高管支持和价值共创意愿之间存在正向调节作用,即假设H23得到验证。

表6-10 契约控制在高管支持和价值共创意愿之间的调节作用检验

变量	模型1 价值共创意愿	模型2 价值共创意愿
契约控制	0.577*** (0.047)	-0.047 (0.130)
高管支持	0.212*** (0.050)	-0.401*** (0.129)
c.契约控制#c.高管支持		0.207*** (0.040)
企业年龄	0.134 (0.169)	0.074 (0.165)
企业规模	-0.030 (0.084)	-0.034 (0.081)
企业性质	-0.148 (0.118)	-0.164 (0.114)
常数项	0.424 (0.860)	2.491*** (0.929)
N	451	451
R^2	0.374	0.409
adj. R^2	0.367	0.401

注:*$P<0.1$,**$P<0.05$,***$P<0.01$。

首先在模型1中将价值共创意愿作为被解释变量,将便利条件、契约控制作为解释变量。再将本研究所涉及的企业的年龄、规模和性质这三个控制变量纳入回归方程进行多元线性回归分析（如表6-11所示）。然后，基于模型1，加入便利条件与契约控制的交互项建立模型2进行回归分析。由回归结果可知，便利条件与契约控制的交互项与价值共创意愿呈现不显著的影响关系（$\beta=0.130$，$P>0.1$），即契约控制在便利条件和价值共创意愿之间不存在显著的正向调节作用，即假设H24没有得到验证支持。

表6-11 契约控制在便利条件和价值共创意愿之间的调节作用检验

变量	模型1 共创意愿	模型2 共创意愿
契约控制	0.576*** （0.046）	0.200 （0.124）
便利条件	0.220*** （0.049）	-0.172 （0.129）
c. 契约控制#c. 便利条件		0.130 （0.140）
企业年龄	0.158 （0.169）	0.147 （0.167）
企业规模	-0.027 （0.083）	-0.032 （0.083）
企业性质	-0.134 （0.117）	-0.121 （0.116）
常数项	0.272 （0.861）	1.377 （0.916）
N	451	451
R^2	0.378	0.392
adj. R^2	0.371	0.384

注：$*P<0.1$，$**P<0.05$，$***P<0.01$。

6.6.2 契约控制对价值共创意愿的影响

笔者建立回归模型1用于验证契约控制与工业互联网平台企业用户的价值共创意愿的研究假设，将企业年龄、企业规模和企业性质等控制变量带入模型中，具体分析结果如表6-12所示。由分析结果可知，模型1中契约控制的系数为 0.664，对应的 P 值低于 0.01，说明契约控制与价值共创意愿呈现显著的正向关系，即契约控制显著正向影响工业互联网平台企业用户价值共创意愿，假设 H25 得到验证。

表 6-12 契约控制与价值共创意愿检验结果

变量	模型 1 价值共创意愿	变量	模型 1 价值共创意愿
契约控制	0.664*** (0.043)	企业性质	-0.145 (0.120)
企业年龄	0.130 (0.172)	常数项	0.706 (0.873)
企业规模	-0.007 (0.085)	N	451
		R^2	0.350
		adj. R^2	0.344

注：$*P<0.1$，$**P<0.05$，$***P<0.01$。

6.7 价值共创意愿与价值共创行为的研究假设检验

模型 1 以数字能力共建作为被解释变量，以价值共创意愿作为解释变量。同时将本研究所涉及的企业的年龄、规模和性质这三个控制变量纳入回归模型 1 中，以此进行多元线性回归。通过回归结果可知，价值共创意愿的系数为 0.329，对应的 P 值低于 0.01，说明价值共创意愿与数字能力共建呈现显著的正向关系，即价值共创意愿正向影响工业互联网平台企业用户数字能力共建行为，假设 H27 得证。在所建立的模型 2 中以方案共同设计作为被解释变量，以价值共创意愿作为解释变量。同上述程序一致，将本研究所涉及的企业的年龄、规模和性质这三个控制变量纳入回归方程中进行多元线性回归（如表 6-13 所示）。由回归结果可知，价值共创意愿的系数为 0.268，对应的 P 值低于 0.01，说明价值共创意愿与方案共同设计呈现显著的正向关系，即价值共创意愿正向影响工业互联网平台企业用户方案共同设计行为，假设 H26 得到验证。

表6-13 价值共创意愿与价值共创行为检验结果

变量	模型1 数字能力共建	模型2 方案共同设计
价值共创意愿	0.329***	0.268***
	(0.038)	(0.032)
企业年龄	-0.070	-0.028
	(0.169)	(0.146)
企业规模	0.193**	-0.123*
	(0.084)	(0.072)
企业性质	0.064	0.116
	(0.118)	(0.101)
常数项	1.281	2.875***
	(0.856)	(0.736)
N	451	451
R^2	0.157	0.142
adj. R^2	0.150	0.135

注：*$P<0.1$，**$P<0.05$，***$P<0.01$。

6.8 价值共创行为与企业绩效的研究假设检验

6.8.1 方案共同设计与企业绩效

为检验方案共同设计对用户企业绩效影响的假设，笔者以市场绩效作为被解释变量，以方案共同设计作为解释变量，以企业年龄、企业规模和企业性质作为控制变量建立模型1进行多元线性回归分析，如表6-14所示。通过回归分析的结果可知，方案共同设计的系数为0.478，对应的P值低于0.01，说明方案共同设计与市场绩效呈现显著的正向关系，即方案共同设计行为对用户企业的市场绩效有显著的正向影响；以财务绩效作为被解释变量，以方案共同设计作为解释变量，以企业年龄、企业规模和企业性质作为控制变量建立模型2。由结果可知，方案共同设计的系数为0.407，对应的P值低于0.01，说明方案共同设计与财务绩效呈现显著的正向关系，即方案共同设计行为对用户企业的财务绩效有显著的正向影响；以创新绩效作为被解释变量,以方案共同设计作为解释变量,以企业年龄、企业规模和企业性质作为控制变量建立模型3进行多元线性回归检验方案共同设计对创新绩效的影响。由回归结果可知,方案共同设计的系数为0.561,对应的 P 值低于0.01,说明方案共同设计与创新绩效呈现显著的正向关系,即方案共同设计行为对企业用户的创新绩效有显著的正向影响。综上分析可知,方案共同设计行为对企业绩效存在显著的正向影响,即假设H28得到验证。

表6-14 方案共同设计与企业绩效检验结果

变量	模型1 市场绩效	模型2 财务绩效	模型3 创新绩效
方案共同设计	0.478*** (0.051)	0.407*** (0.042)	0.561*** (0.060)
企业年龄	-0.278 (0.199)	-0.287* (0.164)	0.045 (0.231)
企业规模	0.092 (0.099)	-0.018 (0.081)	0.064 (0.115)
企业性质	0.118 (0.138)	-0.081 (0.114)	0.398** (0.160)
常数项	2.425** (1.006)	3.402*** (0.829)	1.007 (1.167)
N	451	451	451
R^2	0.171	0.177	0.178
adj. R^2	0.163	0.169	0.171

注:*$P<0.1$,**$P<0.05$,***$P<0.01$。

6.8.2 数字能力共建与企业绩效

同样,笔者以市场绩效作为被解释变量,以数字能力共建作为解释变量,以企业年龄、企业规模和企业性质作为控制变量建立模型1,如表6-15所示。由回归结果可知,数字能力共建的系数为0.448,对应的 P 值小于0.01,说明数字能力共建与市场绩效呈现显著的正向关系,即数字能力共建行为对用户企业的市场绩效有显著的正向影响。接着以财务绩效作为被解释变量,以数字能力共建作为解释变量,以企业年龄、企业规模和企业性质作为控制变量建立模型 2。通过回归分析结果可知，数字能力共建的系数为 0.475，对应的 P 值低于 0.01，说明数字能力共建与财务绩效呈现显著的正向关系，即数字能力共建行为对企业用户的财务绩效有显著的正向影响；以创新绩效作为被解释变量，以数字能力共建作为解释变量，将本研究所涉及的企业的年龄、规模和性质这三个控制变量纳入回归方程中，以此建立模型 3 进行分析。由分析结果可知，数字能力共建的系数为 0.641，对应的 P 值小于 0.01，说明数字能力共建与创新绩效呈现显著的正向关系，即数字能力共建行为对企业用户的创新绩效有显著的正向影响。综上分析可知，数字能力共建行为对企业绩效存在显著的正向影响，即 H29 得到验证。

表 6-15 数字能力共建与企业绩效检验结果

变量	模型 1 市场绩效	模型 2 财务绩效	模型 3 创新绩效
数字能力共建	0.448*** (0.062)	0.475*** (0.050)	0.641*** (0.070)
企业年龄	-0.293 (0.206)	-0.301* (0.164)	0.026 (0.232)
企业规模	0.240** (0.102)	0.119 (0.081)	0.251** (0.115)
企业性质	0.094 (0.143)	-0.110 (0.114)	0.359** (0.161)
常数项	1.835* (1.058)	2.575*** (0.844)	-0.088 (1.192)
N	451	451	451
R^2	0.113	0.175	0.170
adj. R^2	0.105	0.167	0.163

注：*$P<0.1$，**$P<0.05$，***$P<0.01$。

6.9 结果分析与讨论

6.9.1 检验结果汇总

本研究基于价值共创理论、技术接受模型理论,以及在已有研究的基础之上对工业互联网平台的企业用户价值共创行为及其影响因素等科学问题展开了探索。笔者分别分析平台因素、社会因素、企业用户因素与企业用户价值共创意愿、价值共创行为间的关系;契约控制与企业用户价值共创意愿之间的关系,以及契约控制在平台因素、社会因素、企业用户因素与企业用户价值共创意愿间的调节作用;价值共创行为与企业用户绩效间的关系;并通过451家工业互联网平台企业用户的问卷数据对提出的研究假设进行了检验,具体检验结果见表6-16。

表6-16 研究假设检验结果汇总

假设编号	研究假设	检验结果
H1	感知数据保护技术有用性正向影响工业互联网平台企业用户价值共创意愿	支持
H2	感知数字化模型易用性正向影响工业互联网平台企业用户价值共创意愿	支持
H3	感知数字化模型有用性正向影响工业互联网平台企业用户价值共创意愿	支持
H4	社会影响正向影响工业互联网平台企业用户价值共创意愿	支持
H5	高管支持正向影响工业互联网平台企业用户价值共创意愿	支持
H6	便利条件正向影响工业互联网平台企业用户价值共创意愿	支持
H7	感知数据保护技术有用性正向影响工业互联网平台企业用户数字能力共建行为	支持
H8	感知数据保护技术有用性正向影响工业互联网平台企业用户方案共同设计行为	支持
H9	感知数字化模型易用性正向影响工业互联网平台企业用户数字能力共建行为	支持

续表

假设编号	研究假设	检验结果
H10	感知数字化模型易用性正向影响工业互联网平台企业用户方案共同设计行为	支持
H11	感知数字化模型有用性正向影响工业互联网平台企业用户数字能力共建行为	支持
H12	感知数字化模型有用性正向影响工业互联网平台企业用户方案共同设计行为	支持
H13	社会影响正向影响工业互联网平台企业用户数字能力共建行为	支持
H14	社会影响工业互联网平台企业用户正向影响工业互联网平台企业用户方案共同设计行为	支持
H15	高管支持正向影响工业互联网平台企业用户数字能力共建行为	支持
H16	高管支持正向影响工业互联网平台企业用户方案共同设计行为	支持
H17	便利条件正向影响工业互联网平台企业用户数字能力共建行为	支持
H18	便利条件正向影响工业互联网平台企业用户方案共同设计行为	支持
H19	契约控制在感知数据保护技术有用性和价值共创意愿之间存在正向调节作用	支持
H20	契约控制在感知数字化模型易用性和价值共创意愿之间存在正向调节作用	支持
H21	契约控制在感知数字化模型有用性和价值共创意愿之间存在正向调节作用	支持
H22	契约控制在社会影响和价值共创意愿之间存在正向调节作用	不支持
H23	契约控制在高管支持和价值共创意愿之间存在正向调节作用	支持
H24	契约控制在便利条件和价值共创意愿之间存在正向调节作用	不支持
H25	契约控制正向影响工业互联网平台企业用户价值共创意愿	支持
H26	价值共创意愿正向影响工业互联网平台企业用户方案共同设计行为	支持
H27	价值共创意愿正向影响工业互联网平台企业用户数字能力共建行为	支持
H28	方案共同设计行为对企业绩效存在正向影响	支持
H29	数字能力共建及行为对企业绩效存在正向影响	支持

资料来源：笔者整理。

6.9.2 研究结果分析

1. 平台因素与价值共创意愿的假设检验结果讨论

感知数据保护技术有用性显著正向影响企业用户价值共创意愿的假设得到证实，说明当企业用户认为工业互联网平台企业能够通过有效的技术手段对其数据进行有效保护时，会对其使用工业互联网平台和参与价值共创的意愿带来显著的正向影响作用。在相关的研究中，徐伟、陈武、李燕等也有类似的研究结果，他们在研究中强调平台通过使用先进的技术保障用户数据安全是打消用户对工业互联网平台安全顾虑的重要举措。在工业互联网平台成为人们关注的焦点的同时，区块链技术也成为学者们研究的热点，这也从侧面印证了本研究的结论。只有当企业用户的数据信息得到安全保障时，用户才会有意愿参与工业互联网平台的价值共创互动。例如，在与企业管理人员进行访谈时，有人提出："平台企业必须保证我们的数据安全，如果平台企业的防火墙技术不好的话，我们的数据安全存在很大的隐患，我们基本不会与该平台企业合作，因为得不偿失。""在与用户企业进行沟通时，我们会向对方展示我们的技术和能力，当然也包括安全技术，让对方无后顾之忧。"这些访谈内容与本研究的结论相互印证。

同样，数据分析结果表明了感知数字化模型易用性对价值共创意愿的显著正向影响。工业互联网平台的复杂性对企业用户的 IT 资源、生产技术以及员工技能都会产生影响，对企业用户的各类终端设备、员工素质有较高的要求，需要企业用户付出一定的努力以学习如何使用工业互联网平台，工业互联网平台使用的难易程度会影响企业用户的使用意愿，如果工业互联网平台操作越容易，则企业用户使用和参与工业互联网平台价值共创的意愿就越高。这说明当企业用户认为操控工业互联网平台不需要付出很大的努力成本时，会对其使用工业互联网平台和参与价值共创的意愿带来显著的正向影响作用。一方面，本书的这一研究结论与周勇、车靖宇、王晨等人的研究结果类似；另一方面，本研究结果与前期的访谈内容也能够相互印证。例如有企业高管提出："其实我们有些一线员工素养并没有那么高，他们还是希望很多东西操作起来简单点，我们在选择合作平台的时候也会考虑到这一点，购买了无人使用也是浪费。""我们在与用户沟通的时候发现，他们希望我们开发出来的软件越简单越好，只要能够满足他们的要求就好，因为他们不希望付出太高的培训成本。"

本研究的假设 H3 经过分析检验证明是成立的。这说明当企业用户认为工业互联网平台企业开发的软件模型或插件等能够实现其预期，就会对其使用工业互联网平台和参与价值共创的意愿带来显著的正向影响作用。这说明企业用户有自己的期望，一旦能够通过使用工业互联网平台来实现目标，其就会认为参与工业互联网平台的价值共创是有意义的，这会促进用户参与价值共创的意愿。本书的这一研究结果与吕文晶、Kiel、赵敏等学者的研究结论也是相契合的。这一研究结论同样得到了之前企业实地访谈调研的佐证，例如有企业人士提出："我们使用平台的目的就是希望通过工业互联网平台来实现目标，如果对我们来说平台并没有这个作用，那我们平台也就失去了意义。""其实，如果我们的平台能够真正帮到用户，对他们来说这个平台非常有用，在后续的合作中沟通就会非常顺利，因为用户本身使用平台的意愿就很强烈。"

2. 社会因素、企业用户因素与价值共创意愿的假设检验结果讨论

通过对调研数据的分析，社会影响对工业互联网平台企业用户使用工业互联网平台和参与价值共创意愿的正向影响作用得到了实证支持，即假设 H4 成立，表明了社会影响对工业互联网平台企业用户价值共创意愿具有显著的正向影响，这和郑勇华、车靖宇等学者的研究结果类似。这说明当工业互联网平台企业用户认为与其相关联的企业越来越多地开始使用工业互联网平台进行价值创造或政府加强对工业互联网平台发展的支持并出台相关政策时，其会认为使用和参与工业互联网平台是一种必然趋势。在对企业管理者进行实地调研访谈时笔者收集到的数据也印证了这一结论："现在越来越多的新闻都是关于工业互联网平台的，我们也会关注并尝试使用。""现在政府这么重视，并出台了一些使用平台的优惠政策，我们当然会去了解和使用平台。"

通过实证分析可知，高管支持对工业互联网平台企业用户使用工业互联网平台和参与价值共创意愿的正向影响作用得到了实证支持，即假设 H5 成立，这表明了高管支持对工业互联网平台企业用户价值共创意愿具有显著的正向影响。借助工业互联网平台实现企业数字化转型涉及企业战略问题，这需要企业高管具有长远的眼光。杨仲基的研究也强调了高管支持对于企业使用工业互联网平台和参与价值共创意愿的重要性，因为数字化战略的执行需要充足的资源投入，高管的支持和态度也十分重要。同时，这一实证结论与

前期的访谈内容相匹配。

便利条件对工业互联网平台企业用户使用工业互联网平台和参与价值共创意愿的正向影响作用得到了实证支持，即假设 H6 成立，表明了便利条件对工业互联网平台企业用户价值共创意愿具有显著的正向影响。赵敏和李君等在其研究中发现，使用工业互联网平台和参与价值共创需要企业用户具有一定的资源及技术支持条件以及人才资源等，企业用户感知到的工业互联网平台相关便利条件的完备程度越高，则其使用意愿便会越强。与本研究结论类似的还有车靖宇的研究。同样，本研究得出的结论也在企业的实地访谈数据中得到了印证，如有客户表示："有条件的话我们当然愿意进行数字化转型。"

3. 平台因素与价值共创行为的假设检验结果讨论

企业用户希望通过工业互联网平台获得技术、信息的支持以增强自身竞争力和对市场的掌控力。杨路明等认为，平台企业要想促进客户的积极参与和互动，必须能满足客户的需求，这就要求平台具备强大的技术和服务能力。从这个角度来说，一方面，对于工业互联网平台而言，平台所具备的数据安全技术、能够提供企业用户所需的数字化模型才能促进企业用户与平台进一步的沟通交流，讨论解决方案的设计，进而以此构建其自身的数字化能力；另一方面，Hussain 等人认为，当企业用户使用和参与工业互联网平台的互动需要付出较大的人力、时间等成本时，这会对平台的使用带来较大阻碍，以致失去企业用户的青睐，反之亦然。换言之，当企业用户认为工业互联网平台能够从技术上满足其数据安全的需求，以及可以提供满足其业务需求且易于掌握的数字化模型，那么企业用户便会积极使用工业互联网平台和参与价值共创，与平台一起设计解决方案和构建自身数字化能力。因此，感知数据保护技术有用性、感知数字化模型易用性和感知数字化模型有用性正向影响企业用户的价值共创行为。

4. 社会因素、企业用户因素与价值共创行为的假设检验结果讨论

金珺等学者认为，在当前制造业基于工业互联网平台实现转型升级的大趋势下，企业数字化水平的高低是其竞争力的重要支撑。当企业感受到竞争对手及合作伙伴数字化发展的竞争压力时，会被激发积极寻求转型升级的热情。这与本研究的结论类似，也从侧面印证了本书的结论。在数字经济大环境下，工业互联网平台成为制造业转型升级的重要抓手，传统制造业也到了

突破和实现高质量发展的转折点。面对政策的支持、竞争的压力，参与工业互联网平台价值共创成为企业的必然选择。

本研究还证实了高管支持对企业用户价值共创行为的正向作用。这一结论也得到了已有的研究成果的支持，如张新等认为，企业的高层管理者对进行数字化转型升级的支持越大，越有利于企业投入资源和推进具体进行数字化转型升级的行动。此外，便利条件对企业用户价值共创行为的正向影响作用也得到了实证支持。工业互联网平台对于企业的数字化转型升级至关重要，但工业互联网平台是新一代信息技术的集成平台，因此对使用平台的企业用户具有一定的数字化程度要求。这就是为什么越是拥有更多 IT 基础设施和技术人才的资金雄厚的企业越是积极使用工业互联网平台和参与价值共创。因此，社会影响、高管支持和便利条件正向影响企业用户的价值共创行为。

5. 契约控制调节作用的假设检验结果讨论

企业用户使用工业互联网平台和参与价值共创活动的意愿不仅受到其自身内部因素、平台因素和社会因素的影响，还会受到其他外部环境因素的影响，而对于企业用户而言，契约控制无疑是重要的影响因素之一。在数字时代，数据和知识等资源已经成为企业的核心竞争资源，在上述三种因素之外，企业用户为保护其数据安全必然会从法律层面进一步强化其安全保障，笔者认为契约控制有利于强化企业用户参与工业互联网平台价值共创的意愿。因此，本书引入契约控制这一变量，用以分析契约控制在平台因素与用户价值共创意愿、社会因素与用户价值共创意愿以及企业用户因素与用户价值共创意愿之间的调节作用。通过上述实证结果分析可知，契约控制的调节作用在假设 H19、H20、H21、H23 中得到检验的支持；而契约控制分别在社会影响、高管支持和价值共创意愿之间的调节作用不成立，即假设 H22、H24 没有得到检验的支持。

对于得到数据检验支持的研究假设来说，其原因可以解释为：数据是工业互联网平台企业用户的核心资产，数据被泄露及被非法使用对企业用户来说都会带来巨大的损失。考虑到每个经济主体都是理性的，所有的理性决策的主体都具有潜在的机会主义行为，因此，企业用户参与工业互联网平台价值共创的意愿仍存在数据安全方面的顾虑。而契约控制进一步规避了可能出现的非法使用等问题，降低了伤害合作伙伴利益的可能性，从法律层面让企业用户的数据利益得到安全保障，且极大地增大了机会主义成本，这将使得企业用户在高管支持下，更愿意希望获得工业互联网平台的赋能，即契约控制有利于强化企业用户使用工业互联网平台和参与价值共创的意愿。

对于在上述研究中没有得到数据分析结果支持的研究假设，其原因可能有：首先，有人认为，工业互联网平台虽然具有强大的优势，但毕竟是新兴事物，工业互联网平台也有着相应的不足，如技术和管理等方面的欠缺。而在数字时代，数据对于企业来说其重要性不言而喻。虽然各级政府出台多项利好政策以大力支持本地区的工业互联网平台的发展，学者们也围绕相关话题进行研讨以表明工业互联网平台的重要作用。作为理性的组织，鉴于数据安全等问题，企业用户始终难以放下戒备，积极参与共创。其次，企业高管倾向于使用工业互联网平台和参与价值共创，并非基于完备的契约条款，而是基于对工业互联网平台强大功能的需求。工业互联网平台能够切实满足企业用户的业务需求，帮助企业实现降本增效。正如一位受访者所说："本企业是小公司，我们并不十分在意数据是否安全，我们关心的是平台能不能真正帮我解决问题。"这位受访者的回答正好在实践角度解释了契约控制在社会影响、高管支持和价值共创意愿之间的调节作用不成立的问题。

6. 契约控制与价值共创意愿假设检验结果的讨论

数据已经成为企业核心竞争资源之一，数据被泄露、被非法买卖等潜在的安全问题是工业互联网平台发展的主要阻碍之一，也是企业用户在注册工业互联网平台后没有进行后续的互动跟进的重要原因。契约控制从法律层面最大限度地遏制了可能出现的非法使用或买卖用户数据进行牟利、伤害合作伙伴利益的机会主义行为，降低了企业间合作的交易成本。企业用户在参与工业互联网平台价值共创活动之前，通过完备的契约控制条款对数据的泄露、非法利用及买卖等机会主义行为的处罚加以明确的约束，这大大增强了其使用工业互联网平台的意愿。因此，契约控制也对价值共创意愿具有正向的影响作用。

7. 价值共创意愿与价值共创行为检验结果讨论

调研数据显示，价值共创意愿对企业用户的方案共同设计行为具有显著的正向影响作用，即假设 H26 成立。这和牛振邦、左文明等学者的研究结果相类似，这说明在工业互联网平台价值共创活动中，企业用户参与工业互联网平台价值共创的行为在产生参与意愿后出现。只有在企业用户有意参与工业互联网平台价值共创之后，才会在接下来的互动过程中积极地参与解决方案设计的交流和沟通对话，并在解决方案设计中采取数据共享等行为。在对企业管理者进行实地调研访谈时所收集到的数据也印证了这一结论："当我们认为我们应该或者可以试试应用平台时，我们会去了解，和平台企业沟通，看看对方能否根据我们的要求设计出我们需要的解决方案。""一般来说，用户有了合作的意向就会向我们了解，提供一些资料给我们，我们会拟定相关的方案。"

通过实证分析可知，价值共创意愿对企业用户的数字能力共建行为具有的正向影响作用得到了实证支持，即假设 H27 成立，这表明了价值共创意愿对工业互联网平台企业用户价值共创的数字能力共建具有显著的正向影响。李兰等人认为，传统制造业企业利用工业互联网平台实现数字化转型的关键是要将新一代数字技术与已有的业务深度融合，构建新能力，当工业互联网平台企业用户希望或者有意愿应用工业互联网平台时，其目的在于借助工业互联网平台提供的新一代信息技术构建自身的大数据能力以及管理已有的知识经验，即知识复用能力，这与卢艳秋、宋昶等人的研究结论相似。这一研究结论与前期的企业实地调研的数据也相匹配。如有人提到，"很多企业用户希望通过我们对数据进行深入分析，由此获得有利于企业决策的信息"。

8. 价值共创行为与绩效检验结果的讨论

由本研究结果可知，企业用户的方案共同设计行为对其财务绩效、市场绩效、创新绩效有显著正向影响作用的假设得到了支持，即假设 H28 成立，这一结果说明企业用户参与价值共创方案共同设计的行为对企业绩效具有重要的正向作用，尤其是对创新绩效的正向作用最大（$\beta = 0.561$，$P < 0.01$）。杜丹丽等认为，有效的沟通可以使价值共创主体各方克服合作过程中的困难，且有效的对话沟通利于维护利益相关方之间的长久关系，有利于各合作主体投入优势资源，充分共享资源和信息，从而提升企业创新绩效。基于工业互联网平台，企业用户可以通过泛在连接，在共享数据信息的同时也能及时获取来自其他企业用户的异质性资源实现资源互补，从而增大搜索更多新知识要素和组合的机会，最终实现超越现有知识基础的创新活动。与此同时，根据 Xiao 等人的研究可知，企业用户通过与服务提供商共同设计的定制化方案有利于企业独特的业务场景，满足其适应市场环境变化的需求，从而实现其对市场的把握和利润的提升。在实地访谈中，多位企业负责人表达了与定量研究类似的观点，与研究结果相匹配。

同样，从假设检验的分析结果可知，数字能力共建对企业绩效具有正向影响的假设得到证实，即工业互联网平台企业用户参与价值共创的数字能力共建行为对其财务绩效、市场绩效、创新绩效有显著的正向影响作用，这一结果说明企业用户数字能力共建行为对企业绩效具有重要的正向作用。根据分析结果可知，数字能力共建行为同样对企业用户的创新绩效的正向作用最大（$\beta=0.641$，$P<0.01$）。René 等人对基于新兴数字技术能力的物联网平台创新解决方案进行的研究的结果表明，数字能力的形成能够驱动组织在价值创造、价值传递、价值获取等商业模式要素中的创新。这符合 Koutsikouri 等人研究的观点：数字化转型情境下，企业用户可以借助工业互联网平台实现信息、计算、通信和连接技术的组合，触发企业战略、设计、研发、生产、制造和组织方式等经济活动的各个环节发生改变，优化自身价值创造的能力。正如一位受访的企业负责人所说的，"其实我们就是根据用户要求形成一个插件，帮助用户企业管理一些数据、经验，这对其工艺流程的优化是有好处的"，这也从侧面印证了本研究的结果。同时，企业用户借助工业互联网平台提供的大数据处理技术、云计算技术等，有助于实现大数据能力构建，通过大数据与其客户建立深入的关系，提升市场洞察力和客户忠诚度。

第7章 研究结论与展望

本书前面六章就三个核心问题进行了研究分析,得出了相关的研究结论,本研究也给相关领域未来的探索和管理实践带来了一定的积极影响。在本章中笔者将对上述内容进行阐述。

7.1 主要的研究结论

尽管互联网的发展进入了新的阶段,工业互联网平台及其价值共创等相关议题已成为管理学和创新领域的热门问题,然而,关于工业互联网平台企业用户价值共创行为及其影响因素的研究还存在不足之处。为此,本书以技术接受模型理论和价值共创理论为指导,以工业互联网平台的用户企业为研究对象,对相关问题进行深入探讨。首先,对企业进行实地调研,收集数据进行扎根分析,确定工业互联网平台企业用户价值共创行为及其影响因素;然后以此为基础,基于相关理论分析,构建企业用户价值共创行为影响因素研究的理论模型,最终得到以下几个方面的研究结论:

(1) 工业互联网平台企业用户价值共创行为及其影响因素。对于传统制造业企业来说,工业互联网平台是一种可助其实现数字化转型和高质量发展的新兴数字平台。考虑到企业用户应用工业互联网平台的高门槛性,因此接受并参与工业互联网平台价值共创必然受多方因素影响。本书以技术接受模型理论、价值共创理论为指导,以工业互联网平台的企业用户为研究对象,通过实地调研和访谈获取原始文本数据,运用扎根理论研究方法对企业用户的价值共创行为及其影响因素展开探索后发现:工业互联网平台企业用户参与价值共创的行为维度主要有方案共同设计和数字能力共建。从企业用户的角度来说,解决方案应该符合且能够满足其自身业务场景的需求,因此在进行解决方案设计时必须进行有效的、多次的对话和沟通交流;从服务提供商角度来说,设计出满足用户要求的解决方案同样需要与用户进行沟通交流,且需用户提供和共享相关数据。基于共建的解决方案,企业用户可以借助工业互联网平台实现自身大数据能力和知识复用能力的构建，从而实现企业的绩效目标。

与此同时，本研究还发现，影响工业互联网平台企业用户价值共创行为的因素主要来自三个方面——平台因素、社会因素和企业用户因素。其中平台因素包括感知数据保护技术有用性、感知数字化模型易用性和感知数字化模型有用性，也就是平台能否从技术层面为企业用户的数据提供有效的保护并满足用户的业务需求，企业用户使用和参与工业互联网平台价值共创需要付出的学习成本是否较低。通过研究可知，越有效的数据安全保障技术和越低的努力成本越能促进企业用户的价值共创意愿和行为；社会因素主要指来自新闻媒体、政策和其他企业的社会影响，越是有利于工业互联网平台发展的社会环境越能促进企业用户参与工业互联网平台价值共创；企业用户因素主要指企业用户的高管和软硬件支持其参与工业互联网平台价值共创的程度。对工业互联网平台发展具有远见的企业高管以及软硬件设施满足条件的企业更倾向于应用工业互联网平台。

（2）契约控制分别在平台因素与企业用户价值共创意愿、高管支持与企业用户价值共创意愿之间具有正向的调节作用。在前期的理论分析与企业实地调研过程中，笔者发现契约控制这一重要变量在影响工业互联网平台企业用户使用工业互联网平台和参与价值共创意愿中的作用，于是将其作为调节变量的同时，也将其作为直接影响因素引入本研究，并建立模型。通过实证分析笔者发现：契约控制在平台因素与用户价值共创意愿及高管支持与用户价值共创意愿之间发挥着正向的调节作用。从企业用户方面来说，在数字时代，企业用户有借助工业互联网平台进行数字化转型从而实现高质量发展的现实需求，在平台因素、高管支持等都有利于企业用户应用工业互联网平台及参与价值共创意愿的方向发展时，契约控制作为从法律层面打消企业用户数据安全顾虑的手段必然对这一选择意愿具有正向的强化作用。

（3）契约控制分别在社会影响与价值共创意愿、便利条件与价值共创意愿之间没有显著的正向调节作用。正如上述讨论所阐述的，虽然工业互联网平台在助力企业用户进行数字化转型升级和高质量发展方面具有重要作用，但是工业互联网平台毕竟是新兴事物，有着新兴事物普遍具有的技术和管理等方面的欠缺。首先，企业作为一个理性组织，在进行战略决策时必然十分谨慎。企业负责人很清楚，数据在数字时代的重要性，对以数据为核心资产的企业来说，当企业认为使用工业互联网平台和参与互动会给数据带来重大安全隐患时，即使有利好的政策、主流媒体的宣传等，都难以使其放下戒备，积极参与共创。其次，企业高管倾向于使用工业互联网平台和参与价值共创的动力来自其对工业互联网平台赋能的需求。根据受访者提供的信息可知，对有些行业中的中小企业来说，数据并不占据十分重要的地位，那么平台的功能就是其最关心的要素。

（4）企业用户参与价值共创方案共同设计和数字能力共建的行为有利于企业的绩效，尤其是对企业用户创新绩效的正向影响作用更大。对于传统制造企业来说，工业互联网平台提供的新一代信息技术可使其进一步提质增效、降本增效，从而获得实现持续的高质量发展的机会。企业通过与解决方案提供方共同设计符合自身业务需求的解决方案，构建自身的数字能力，能够使自身获得更优的市场绩效、财务绩效以及创新绩效。

7.2 理论贡献与创新之处

在数字化转型的大背景下，传统制造企业如何实现数字化转型，进而获得持续的高质量发展成为一道必答题。工业互联网平台作为传统制造业企业实现数字化转型的重要抓手和载体，已成为新一轮产业竞争的焦点。然而，我国工业互联网平台发展总体还处于初级阶段。本研究基于技术接受模型理论和价值共创理论，以工业互联网平台企业用户为研究对象，对企业用户的价值共创行为及影响因素以及价值共创行为与绩效的关系展开了积极的探讨。对相关理论和研究进行了拓展和丰富，具体的理论贡献和创新之处体现在如下几个方面：

（1）本研究丰富和拓展了技术接受理论模型的影响因素，具备一定的理论创新之处。同时，将技术接受理论模型的应用范围扩展至工业互联网平台的价值共创领域，开拓了新的研究场景。技术接受理论模型的核心应用就是用于解释和研究行为主体的行为和行为意愿的影响因素。由相关文献研究可知，已有的研究大多关注的是接受对象的易用性、有用性、带来的风险以及社会影响等主流因素变量。然而，工业互联网平台作为一个新兴的新一代信息技术集成平台，与传统技术平台和消费互联网平台存在较大的差异，影响用户使用平台的因素还是一个"黑箱"，鲜有学者涉及。本研究基于对多家工业互联网平台企业和用户企业的实地调研数据展开扎根分析，提炼出了影响企业用户使用工业互联网平台和参与价值共创行为的主要影响因素。在本书探索和提炼出的主要影响因素中，既有其他学者提出的主流因素，也发现了工业互联网平台情境下的其他重要因素，如感知数据保护技术有用性、高管支持、契约控制以及便利条件等。因此，本研究在扩展技术接受理论模型的应用范围以及丰富该理论模型的影响因素方面具有一定的理论创新。

（2）本研究引入契约控制作为技术接受理论模型的调节变量，进一步丰富了技术接受理论模型对调节变量的研究，具有一定的理论创新之处。总的来说，技术接受理论模型常常被学者用于研究用户接纳和使用创新技术的行为并总结出相关的规律以及影响这一接纳和使用行为的因素。当前，学者们在应用该理论模型展开相关研究时，重点关注的是影响用户行为或行为意愿的前置变量，即影响因素，鲜有向该理论模型引入调节变量的相关研究。本研究基于企业调研的实际情况，基于理论分析发现了契约控制这一变量的重要作用，与此同时，笔者通过实证研究验证了契约控制在平台因素与企业用户价值共创意愿、契约控制在高管支持与企业用户价值共创意愿之间的调节作用，由此，笔者将契约控制作为调节变量引入本书构建的工业互联网平台企业用户价值共创行为及其影响因素的技术接受理论模型中，对该理论模型中的调节变量的研究具有一定的丰富和补充作用。

（3）本研究对工业互联网平台企业用户价值共创行为进行了探索，提出了工业互联网平台企业用户的方案共同设计行为和数字能力共建行为，丰富了价值共创理论领域的相关研究，具有一定的理论创新之处。当前，涉及价值共创行为的研究大多围绕消费互联网平台领域的B2C模式展开，相关的价值共创行为研究成果属于个体消费者或个体的价值共创行为。而对于较新的工业互联网平台领域，业界鲜有相关研究，尤其是工业互联网平台服务的主要对象——企业用户。本研究基于对多家工业互联网平台企业和企业用户的实地调研数据的扎根分析，结合价值共创理论提出了工业互联网平台企业用户的方案共同设计和数字能力共建的价值共创行为，为日后学者们进行工业互联网平台领域的价值共创相关研究提供了一种理论上的参考，也丰富和拓展了价值共创理论领域的研究。

7.3 管理实践启示

相对于国际发达国家工业互联网平台的发展来说，我国工业互联网平台发展总体水平不高。很多企业还处于观望状态——要么企业使用平台的积极性不高，要么企业只完成了工业互联网平台系统的注册环节，没有跟进后续的价值共创的互动环节，这就无法形成工业互联网平台生态系统。基于这些情况，笔者思考了一些问题：工业互联网平台企业用户参与价值共创行为有哪些？影响工业互联网平台企业用户参与价值共创的行为的因素有哪些？这些价值共创行为带来的绩效如何？笔者对上述疑问进行了研究，得出了相应的结论。在此，基于本书的研究结果，笔者提出以下建议：

（1）平台因素、社会因素和企业用户因素在企业用户的意愿决策中具有同等重要性。换句话说，相关方必须认识到企业用户的意愿决策受到多个因素的综合影响，不能偏重某一因素而忽视其他因素。在促进国内工业互联网平台发展方面，需要采取以下措施：首先，加大科学技术的政策支持力度，优化金融支持政策和方案，帮助资金、基础设施有限的中小企业跨越使用工业互联网平台的门槛。同时，进行精准的宣传工作，让企业各级员工都了解工业互联网平台的重要性，从而营造良好的工业互联网平台发展氛围。其次，工业互联网平台相关企业应该加大技术开发的力度，特别是网络安全技术方面，以确保平台的安全性。此外，需要增加培养模型开发人才的投入，推动开发人员与行业用户密切合作，深入了解用户的业务场景，促进可靠且实用的数字化模型的开发。

（2）本研究证实了企业用户的高管在工业互联网平台的使用和价值共创参与中扮演着重要角色。综合相关研究结论，笔者认为首要任务是加强企业高管对工业互联网平台的全面认知。相关方可定期组织行业内企业的高级管理人员参与相关课程培训，从理念上使高管认识到工业互联网平台能够为企业带来广阔的发展空间和丰盛的效益。企业有必要利用工业互联网平台进行数字化转型，以实现高质量的发展。在本研究中，验证了高管支持对工业互联网平台的应用以及参与价值共创的意愿和行为产生的积极影响。对企业用户而言，应用工业互联网平台并参与价值共创是一项长期的战略选择，而这一战略的有效实施必须得到企业高管的支持。高管的支持程度取决于他们对工业互联网平台的认知和对未来发展的信心。因此，在可行的情况下，政府相关部门可以邀请工业互联网领域的专家学者定期为相关行业的高级管理人员提供公益性的课程培训，以帮助他们系统地学习工业互联网平台知识并加深对其重要性的理解。这有助于高管深刻认识工业互联网平台的重要性。

（3）契约控制无论是对企业用户的价值共创意愿的影响，还是其在相关变量间的调节作用，都表明数据安全是当前影响工业互联网平台发展的关键问题之一。数据安全保障主要涉及工业互联网平台企业方和相关行政部门，结合相关研究结果，笔者建议，一方面要加快完善有关数据保护的法律法规，从法律层面强化对企业数据信息的保护力度；另一方面，工业互联网平台企业加大研发投入，从技术层面筑牢企业用户数据信息安全的防火墙。数据信息安全一直是企业用户最为关心的核心问题之一。在数字时代，数据信息（包括知识数据）已经成为企业的核心资源和竞争优势来源，数据泄露会给企业带来重大的损失。实地调研过程中，大多数的企业管理人员都向笔者表达了类似的观点。完善的数据保护方面的法律法规和安全的保护技术可以有效打消企业用户参与工业互联网平台价值共创的顾虑，也是我国工业互联网平台快速发展必不可少的条件。

7.4 研究局限与未来展望

本研究采用了价值共创理论和技术接受模型理论作为主要指导理论，对工业互联网平台企业用户的价值共创行为展开了探索，提出了工业互联网平台企业用户的价值共创行为以及影响因素，并分析了契约控制在相关影响因素和用户价值共创意愿之间的调节作用等，在理论上和管理实践方面具有一定的意义。虽有学者并不完全认同笔者使用参与互动和使用意愿来测量企业价值共创参与意愿的做法，但笔者以为这为将来的研究提供了继续探索的空间。当然，本研究还存在一些不足和局限。

首先，本研究的局限性表现在企业用户参与工业互联网平台价值共创行为影响因素的扩展方面。笔者主要运用扎根理论研究方法，通过对企业的实地调研，笔者探索并提炼了企业用户参与工业互联网平台价值共创行为及其影响因素，然后基于这些因素进一步构建了工业互联网平台企业用户价值共创行为影响的理论模型，并进行相关的实证研究。然而，随着区块链等信息技术的进一步发展以及工业互联网平台应用的普及等，笔者提炼出的影响因素是否还同样重要可能存疑，未来可能会出现新的影响因素，研究者们需要在日后的研究中进一步跟踪并深入挖掘，以完善相关的理论模型；同时，还需要考虑新的影响因素是什么，为什么会出现以及它们对未来的影响等问题。

其次，本研究没有考虑工业互联网平台个体用户参与价值共创的行为及其影响因素。在消费互联网平台领域的研究中，相关研究涉及的大多是单个的消费者用户，工业互联网平台服务的主要受益者是工业企业用户。因此，在本书中，笔者选择工业互联网平台企业用户作为研究对象，但这并不是说工业互联网平台没有以个人身份注册的个体用户。比如海尔的 COSMOPLAT 工业互联网平台，其商业模式就有以消费者体验为中心的个性化定制，允许购买其产品的消费者参与所购产品的生产全流程的体验迭代，平台与消费者持续对话以实现其终身价值，另外，具有专业技能和知识的个体用户也可以通过平台参与产品的设计、生产等。这些个体用户参与价值共创的行为有哪些？其影响因素有哪些？与企业用户相比这些因素和价值共创行为又有什么不同？以上科学问题都有待进一步探索。

最后，本研究在调查样本的选择上有一定局限性。笔者根据国民经济、各省工业经济发展情况并依据《中国区域创新指数报告》，将调查样本选在了长江三角洲、珠江三角洲和京津冀经济带。这几个较为发达的地区虽然在应用工业互联网平台方面具有一定的代表性，但从总体上来说，样本的选取还是有一定的局限性。在未来的相关研究中，研究者可以进一步增大调查样本的数量，样本来源尽量涉及更多地区的工业互联网平台企业用户，从而提高研究的普遍适用性。

参考文献

[1] 宋昶. 工业互联网平台中企业间信任对用户企业创新绩效的影响[D]. 长春：吉林大学，2022.

[2] 马永开，李仕明，潘景铭. 工业互联网之价值共创模式[J]. 管理世界，2020，36（8）：211-222.

[3] 唐国锋，李丹. 工业互联网背景下制造业服务化价值创造体系重构研究[J]. 经济纵横，2020（8）：61-68.

[4] LI J Q, YU F R, DENG G Q, et al. Industrial internet：a survey on the enabling technologies, applications, and challenges[J]. IEEE Communications Surveys and Tutorials, 2017, 19 (3): 1504-1526.

[5] 李燕. 工业互联网平台发展的制约因素与推进策略[J]. 改革，2019（10）：35-44.

[6] 安筱鹏. 工业互联网平台建设的出发点、切入点和着力点[J]. 电力设备管理，2018（8）：17-20.

[7] 肖琳琳，余婧，夏宜君，等. 全球工业互联网平台应用实证研究[J]. 智能物联技术，2019，51（2）：1-8.

[8] 许宪春，任雪，常子豪. 大数据与绿色发展[J]. 中国工业经济，2019（4）：5-22.

[9] 何小龙，李君，周勇，等. 工业互联网平台应用现状及发展对策[J]. 科技管理研究，2021，41（10）：132-137.

[10] 王一晨. 运用工业互联网推动中国制造业转型升级[J]. 中州学刊，2019（4）：26-30.

[11] PRAHALAD C K R E. Co-creating unique value with customers[J]. Strategy & Leadership, 2013, 32 (3): 4-9.

[12] VARGO S L, LUSCH R F. Service-dominant logic：continuing the evolution[J]. Journal of the Academy of Marketing Science, 2008, 36 (1): 1-10.

[13] 郑勇华，孙延明，朱建华. 工业互联网平台使用意愿影响因素研究：基于改进UTAUT模型[J]. 科技管理研究，2020，40（14）：123-130.

[14] WAIBEL M W, STEENKAMP L P, MOLOKO N, et al. Investigating the effects of smart production systems on sustainability elements[J]. Procedia Manufacturing, 2017, 8: 731-737.

[15] HOFMANN E, RüSCH M. Industry 4.0 and the current status as well as future prospects on logistics[J]. Computers in Industry, 2017, 89: 23-34.

[16] 森德勒. 工业4.0：即将来袭的第四次工业革命[M]. 北京：机械工业出版社，2014.

[17] 王君泽，宋小炯，杜洪涛. 基于解释结构模型的我国工业互联网实施影响因素研究[J]. 中国软科学，2020（6）：30-41.

[18] 涂科. 共享经济模式下的价值共创机理研究 [D]. 北京：北京邮电大学，2019.

[19] 迟铭，毕新华，徐永顺. 治理机制对顾客参与价值共创行为的影响：虚拟品牌社区的实证研究 [J]. 经济管理，2020，42（2）：144-159.

[20] 贾薇. 顾客参与对顾客价值创造的影响机理研究 [D]. 哈尔滨：哈尔滨工业大学，2010.

[21] LE NGUYEN HAU, TRAM P N, ANH, et al. The effects of interaction behaviors of service frontliners on customer participation in the value co-creation: a study of health care service [J]. Service Business, 2016, Online First: 1-25.

[22] 何彪，谢灯明，吴超楠，等. 参展商价值共创行为对感知价值、满意度和未来行为意向的影响 [J]. 旅游学刊，2022，37（5）：137-152.

[23] EVANS P C, ANNUNZIATA M. Industrial internet: pushing the boundaries of minds and machines [R]. Sci. Rep. Kanazawa Univ., 2012.

[24] SISINNI E, SAIFULLAH A, HAN S, et al. Industrial internet of things: challenges, opportunities, and directions [J]. IEEE Transactions on Industrial Informatics, 2018 (11): 4724-4734.

[25] ASHTON K. That "internet of things" thing [J]. RFID Journal, 2009, 22: 97-114.

[26] BEN-DAYA M, HASSINI E, BAHROUN Z. Internet of things and supply chain management: a literature review [J]. International Journal of Production Research, 2017, 15 (15-16): 1-24.

[27] XU L D, HE W, LI S. Internet of things in industries: a survey [J]. IEEE Transactions on Industrial Informatics, 2014, 10 (4): 2233-2243.

[28] WOLLSCHLAEGER M S T J J. The future of industrial communication automation networks in the era of the internet of things and industry 4.0 [J]. IEEE Industrial Electronics Magazine, 2017, 11 (1): 17-27.

[29] 权锡鉴，史晓洁，宋晓缤，等. 资本配置结构优化的企业混合所有制：工业互联网平台的赋能机理与本质 [J]. 会计研究，2020 (12): 99-112.

[30] MAYER S J H A. An open semantic framework for the lndustrial lnternet of things [J]. IEEE Intelligent Systems, 2017, 32 (1): 96-101.

[31] 李广乾. 工业互联网平台，制造业下一个主攻方向 [J]. 中国信息化，2016 (12): 11-14.

[32] 王玮，杜书升，曹溪. 工业互联网引发的"颠覆式"管理变革 [J]. 清华管理评论，2019 (3): 13.

[33] 李杰浩. 数字化模型是泛在能工业PaaS平台的核心 [J]. 电力设备管理，2019 (6): 19-21.

[34] 赵敏. 工业互联网平台的六个支撑要素：解读《工业互联网平台白皮书》[J]. 中国机

械工程，2018，29（8）：1000-1007.

[35] 夏志杰. 工业互联网的体系框架与关键技术：解读《工业互联网：体系与技术》[J]. 中国机械工程，2018，29（10）：1248-1259.

[36] 庄存波，刘检华，隋秀峰，等. 工业互联网推动离散制造业转型升级的发展现状、技术体系及应用挑战[J]. 计算机集成制造系统，2019，25（12）：3061-3069.

[37] GUTH J B U F M. A detailed analysis of IoT platform architectures: concepts, similarities, and differences [M]. Singapore: Springer, 2018.

[38] 吕明元，程秋阳. 工业互联网平台发展对制造业转型升级的影响：效应与机制[J]. 人文杂志，2022（10）：63-74.

[39] 任力. 以工业互联网推进民营企业高质量发展[J]. 人民论坛·学术前沿，2020（13）：52-59.

[40] 李君，邱君降，柳杨，等. 工业互联网平台评价指标体系构建与应用研究[J]. 中国科技论坛，2018（12）：70-86.

[41] 王水莲，于程灏，张佳悦. 工业互联网平台价值创造过程研究[J]. 中国科技论坛，2022（4）：78-88.

[42] 魏津瑜，李翔. 基于工业互联网平台的装备制造企业价值共创机理研究[J]. 科学管理研究，2020，38（1）：106-112.

[43] 赵坤，孙锐，荆林波. 工业互联网价值共创模式赋能区域经济韧性新动力的耦合探索及建议[J]. 福州大学学报（哲学社会科学版），2021，35（5）：61-68.

[44] PRAHALAD C K, RAMASWAMY, et al. Co-creating unique value with customers. [J]. Strategy & Leadership, 2013, 32（3）：4-9.

[45] BALLANTYNE D. Creating value-in-use through marketing interaction: the exchange logic of relating, communicating and knowing [J]. Marketing Theory, 2006, 97（3）：S25.

[46] PAYNE A F S K F P. Managing the co-creation of value [J]. Journal of the Academy of Marketing Science, 2008, 36（1）：83-96.

[47] FUELLER J, MUEHLBACHER H, MATZLER K, et al. Consumer empowerment through internet-based co-creation [J]. Journal of Management Information Systems, 2009, 26（3）：71-102.

[48] GEBAUER H, JOHNSON M, ENQUIST B. Value co-creation as a determinant of success in public transport services a study of the swiss federal railway operator（SBB）[J]. Managing Service Quality, 2010, 20（6）：511-530.

[49] BO E, TRONVOLL B, GRUBER T. Expanding understanding of service exchange and value co-creation: a social construction approach [J]. Journal of the Academy of Marketing Science, 2011, 39（2）：327-339.

[50] GRONROOS C, RAVALD A. Service as business logic: implications for value creation and

marketing [J]. Journal of Service Management, 2011, 22 (1): 5-22.

[51] BALLANTYNE D, WILLIAMS J, AITKEN R. Introduction to service-dominant logic: From propositions to practice [J]. Industrial Marketing Management, 2011, 40 (2): 179-180.

[52] AARIKKA-STENROOS L, JAAKKOLA E. Value co-creation in knowledge intensive business services: a dyadic perspective on the joint problem solving process [J]. Industrial Marketing Management, 2012, 41 (1): 15-26.

[53] GROENROOS C, VOIMA P. Critical service logic: making sense of value creation and co-creation [J]. Journal of the Academy of Marketing Science, 2013, 41 (2): 133-150.

[54] VENKAT, RAMASWAMY, NAVEEN, et al. Building a culture of co-creation at Mahindra [J]. Strategy & Leadership, 2014, 42 (2).

[55] BARRETT, MICHAEL, AUTHOR, et al. Service innovation in the digital age: key contributions and future directions. [J]. MIS Quarterly, 2015, 39 (1): 135-154.

[56] FROW P, NENONEN S, PAYNE A, et al. Managing co-creation design: a strategic approach to innovation [J]. British Journal of Management, 2015, 26 (3): 463-483.

[57] SINGARAJU S P, QUAN A N, NIININEN O, et al. Social media and value co-creation in multi-stakeholder systems: a resource integration approach [J]. Industrial Marketing Management, 2016, 54 (4): 44-55.

[58] VÁZQUEZ-CASIELLES R, IGLESIAS V, VARELA-NEIRA C. Co-creation and service recovery process communication: effects on satisfaction, repurchase intentions, and word of mouth [J]. Service Business, 2017, 11 (2): 321-343.

[59] RAMASWAMY V, OZCAN K. What is co-creation? an interactional creation framework and its implications for value creation [J]. Journal of Business Research, 2018, 84: 196-205.

[60] TOTH Z, PETERS L D, PRESSEY A, et al. Tension in a value co-creation context: a network case study [J]. Industrial Marketing Management, 2018, 70 (4): 34-45.

[61] RAZMDOOST K, ALINAGHIAN L, SMYTH H J. Multiplex value cocreation in unique service exchanges [J]. Journal of Business Research, 2019, 96 (3): 277-286.

[62] 谢礼珊, 赵强生, 马康. 旅游虚拟社区成员互动、感知利益和公民行为关系: 基于价值共创的视角 [J]. 旅游学刊, 2019, 34 (3): 28-40.

[63] BOADI E A, HE Z, BOADI E K, et al. Customer value co-creation and employee silence: emotional intelligence as explanatory mechanism [J]. International Journal of Hospitality Management, 2020, 91 (1): 1-13.

[64] 柳卸林, 王倩. 创新管理研究的新范式: 创新生态系统管理 [J]. 科学学与科学技术管理, 2021, 42 (10): 20-33.

[65] 赵艺璇, 成琼文, 李紫君. 共生视角下技术主导型与市场主导型创新生态系统价值共创组态路径研究 [J]. 科技进步与对策, 2022, 39 (11): 21-30.

[66] BHARTI K, AGRAWAL R, SHARMA V. Value co-creation: literature review and proposed conceptual framework [J]. International Journal of Market Research, 2015, 57 (4): 571 – 603.

[67] ANDREU L, SANCHEZ I, MELE C. Value co-creation among retailers and consumers: new insights into the furniture market [J]. Journal of Retailing & Consumer Services, 2010, 17 (4): 241 – 250.

[68] NAVARRO S, ANDREU L, CERVERA A. Value co-creation among hotels and disabled customers: an exploratory study [J]. Journal of Business Research, 2014, 67 (5): 813 – 818.

[69] GROENROOS C. Service logic revisited: who creates value? and who co-creates? [J]. European Business Review, 2008, 20 (4): 298 – 314.

[70] GRÖNROOS C, GUMMERUS J. The service revolution and its marketing implications: service logic vs service-dominant logic [J]. Managing Service Quality, 2014, 24 (3): 206 – 229.

[71] 朱良杰, 何佳讯, 黄海洋. 数字世界的价值共创: 构念、主题与研究展望 [J]. 经济管理, 2017, 39 (1): 195 – 208.

[72] 涂科, 杨学成, 苏欣, 等. 共享经济中供应用户角色压力对持续价值共创行为的影响 [J]. 南开管理评论, 2020, 23 (6): 88 – 98.

[73] YI Y, GONG T. Customer value co-creation behavior: scale development and validation [J]. Journal of Business Research, 2013, 66 (9): 1279 – 1284.

[74] 张凤超, 尤树洋. 顾客参与对顾客满意的影响路径: "共同制造"视角下的实证研究 [J]. 东北师大学报 (哲学社会科学版), 2010 (3): 38 – 42.

[75] 范钧, 付沙沙, 汤锦旦. 虚拟品牌社区互动对顾客公民行为的影响 [J]. 商业研究, 2014 (2): 74 – 81.

[76] CHOI L. Exploring antecedents and consequences of customer organizational citizenship behaviors (COCBs) through customer co-creation valuation [J]. Dissertations & Theses Gradworks, 2015.

[77] 黄利伟. 自我决定感在消费互动和品牌忠诚中的中介作用 [D]. 上海: 东华大学, 2015.

[78] 吴小英. 虚拟社区价值共创对在线旅游企业品牌价值的影响研究 [D]. 济南: 山东大学, 2015.

[79] CHEUNG F, TO W M. A customer-dominant logic on service recovery and customer satisfaction [J]. Management Decision, 2016, 54 (10): 2524 – 2543.

[80] 孙会千. 基于价值共创的顾企互动对顾客创新绩效的影响研究 [D]. 大连: 东北财经大学, 2016.

[81] 杜娟. O2O电子商务模式下顾客参与对顾客体验价值的影响研究 [D]. 济南: 山东财经大学, 2016.

[82] CAMBRA-FIERRO J, PEREZ L, GROTT E. Towards a co-creation framework in the retail banking services industry: do demographics influence?[J]. Journal of Retailing and Consumer Services, 2017, 34(1): 219-228.

[83] 牟明慧. 定制营销中顾客参与对顾客保留的影响研究[D]. 济南: 山东大学, 2017.

[84] LAUD G, KARPEN I O. Value co-creation behaviour: role of embeddedness and outcome considerations[J]. Journal of Service Theory and Practice, 2017, 27(4): 4-2016.

[85] 谭国威, 马钦海. 顾客能力对共创价值的作用路径[J]. 技术经济, 2017, 36(6): 66-71.

[86] 唐方成, 蒋沂桐. 虚拟品牌社区中顾客价值共创行为研究[J]. 管理评论, 2018, 30(12): 131-141.

[87] ZABOREK P, MAZUR J. Enabling value co-creation with consumers as a driver of business performance: a dual perspective of Polish manufacturing and service SMEs[J]. Journal of Business Research, 2019, 104(11): 541-551.

[88] 沈鹏熠, 万德敏. 全渠道零售体验价值共创行为对顾客忠诚的影响: 基于服务主导逻辑视角[J]. 北京工商大学学报(社会科学版), 2019, 34(3): 15-27.

[89] WONG J, LAI I. The effects of value co-creation activities on the perceived performance of exhibitions: a service science perspective[J]. Journal of Hospitality and Tourism Management, 2019, 39: 97-109.

[90] LAFONT J, RUIZ F, GIL-GÓMEZ H, et al. Value creation in listed companies: a bibliometric approach[J]. Journal of Business Research, 2020, 115(7): 428-434.

[91] 杜丹丽, 付益鹏, 高琨. 创新生态系统视角下价值共创如何影响企业创新绩效: 一个有调节的中介模型[J]. 科技进步与对策, 2021, 38(10): 105-113.

[92] OYEDEJI J, OKAFOR E E. The use of electronic monitoring and work performance of employees in the banking industry in Ibadan, Southwest Nigeria[J]. Social Science Electronic Publishing, 2019, 13(10): 327-342.

[93] KALISCHKO T, RIEDL R. Electronic performance monitoring in the digital workplace: conceptualization, review of effects and moderators, and future research opportunities[J]. Frontiers in Psychology, 2021, 12(21): 1457.

[94] 卜庆娟. 顾客在价值共创互动过程中的行为及其结果研究[D]. 北京: 北京邮电大学, 2017.

[95] 王琼英, 唐代剑. 旅游集群企业价值共创的社会动因[J]. 社会科学家, 2022(4): 75-81.

[96] 刘晓彦, 简兆权, 刘洋. 制造企业服务平台如何创造价值? 日日顺与琴趣平台双案例研究[J]. 研究与发展管理, 2020, 32(5): 82-96.

[97] 朱勤, 孙元, 周立勇. 平台赋能、价值共创与企业绩效的关系研究[J]. 科学学研究, 2019, 37(11): 2026-2033.

[98] 崔枫. 旅游者在线价值共创行为研究 [D]. 厦门：厦门大学，2018.

[99] 项国鹏，周鹏杰. 商业模式对零售企业绩效的影响：基于顾客价值创造视角的分析 [J]. 广东商学院学报，2013，28（1）：25-33.

[100] 张涛，金璐. 上市公司 O2O 商业模式转型对企业绩效的影响分析 [J]. 商业会计，2019（19）：36-38.

[101] 瞿孙平. 知识搜索对中小企业创新绩效影响的研究 [D]. 南京：江苏大学，2021.

[102] 张金清，肖嘉琦. 高管团队异质性与企业绩效研究综述 [J]. 商业研究，2018（3）：115-122.

[103] PRAHALAD C K, RAMASWAMY V. Co-creation experiences: the next practice in value creation [J]. Journal of Interactive Marketing, 2010, 18 (3): 5-14.

[104] WIKLUND J, SHEPHERD D. Entrepreneurial orientation and small business performance: a configurational approach [J]. Journal of Business Venturing, 2005, 20 (1): 71-91.

[105] 张骁，胡丽娜. 创业导向对企业绩效影响关系的边界条件研究：基于元分析技术的探索 [J]. 管理世界，2013（6）：99-110.

[106] 罗建强，潘蓉蓉，杨子超. 制造企业服务化、研发创新投入与企业绩效：基于技术密集型企业的实证研究 [J]. 管理评论，2023，35（2）：116-125.

[107] MUMFORD M D. Managing creative people: strategies and tactics for innovation [J]. Human Resource Management Review, 2000, 10 (3): 313-351.

[108] 冯丽霞. 企业财务分析与业绩评价 [M]. 长沙：湖南人民出版社，2002.

[109] 何郁冰，张思. 技术创新持续性对企业绩效的影响研究 [J]. 科研管理，2017，38（9）：1-11.

[110] 王钰. 创业企业冗余资源、创业导向与创新绩效 [D]. 西安：西安理工大学，2022.

[111] VARGO S L, LUSCH R F. Institutions and axioms: an extension and update of service-dominant logic [J]. Journal of the Academy of Marketing Science, 2016, 44 (1): 5-23.

[112] 吴菊华，程小燕，李太儒. 基于社会支持的内容创建与价值共创体验研究 [J]. 软科学，2016，30（10）：141-144.

[113] 徐嘉徽. 共享服务平台双边用户价值共创过程及影响因素研究 [D]. 长春：吉林大学，2019.

[114] 张璟. 基于 B2B 背景的价值共创研究：动因、过程与结果 [D]. 北京：对外经济贸易大学，2016.

[115] 邵东. CEO 背景特征、企业创新与绩效的关系研究 [D]. 长春：吉林大学，2021.

[116] 符加林，张依梦，闫艳玲，等. 顾客契合与企业创新绩效：价值共创和创新氛围的作用 [J]. 科研管理，2022，43（11）：93-102.

[117] 刘正阳，王金鑫，乔晗，等. 商业模式对企业绩效的影响探究：基于新能源上市企业数据 [J]. 管理评论，2019，31（7）：264-273.

[118] 邓新明,罗欢,龙贤义,等. 高管团队异质性、竞争策略组合与市场绩效:来自中国家电行业的实证检验[J]. 南开管理评论,2021,24(4):103-117.

[119] 李晓华. 制造业数字化转型与价值创造能力提升[J]. 改革,2022(11):24-36.

[120] 周阳. 网络联结对科技型创业企业创新行为、创新绩效的影响机制研究[D]. 成都:电子科技大学,2022.

[121] 王分棉,任倩宜,周煊. 生态位宽度、观众感知与市场绩效:来自中国电影市场的证据[J]. 中国工业经济,2021(11):155-173.

[122] 刘斐然,胡立君,范小群. 产学研合作如何影响企业的市场绩效?[J]. 科研管理,2023,44(1):155-163.

[123] RUNYAN R,DROGE C,SWINNEY J. Entrepreneurial orientation versus small business orientation:what are their relationships to firm performance?[J]. Journal of Small Business Management,2008,46(4):567-588.

[124] 刘晓彦. 制造业服务化研究争议的一种解释:两类基本服务与企业绩效[J]. 科技进步与对策,2022,39(24):50-60.

[125] ALEGRE J,CHIVA R. Linking entrepreneurial orientation and firm performance:the role of organizational learning capability and innovation performance[J]. Journal of Small Business Management,2013,51(4):491-507.

[126] 臧红敏. 多类型创新主体合作关系对企业创新绩效影响研究[D]. 沈阳:辽宁大学,2020.

[127] 唐鹏鸣. 数字化转型与企业技术创新:倒U形关系形成机理及其检验[J]. 现代经济探讨,2022(12):91-102.

[128] 赵宏霞,王梦娟,王国涛. 工业互联网平台生态嵌入对参与企业探索式创新绩效的影响[J]. 科技进步与对策,2022,39(15):89-98.

[129] 梁树广,张芃芃. 工业互联网赋能中国制造业企业的创新路径与模式研究[J]. 聊城大学学报(社会科学版),2021(2):86-94.

[130] 宋雪雁. 用户信息采纳行为模型构建及应用研究[D]. 长春:吉林大学,2010.

[131] 张培. 技术接受模型的理论演化与研究发展[J]. 情报科学,2017,35(9):165-171.

[132] VENKATESH V,MORRIS M G,DAVIS G B,et al. User acceptance of information technology:toward a unified view[J]. MIS Quarterly,2003,27(3):425-478.

[133] MA Q,CHAN A,CHEN K. Personal and other factors affecting acceptance of smartphone technology by older Chinese adults[J]. Applied ergonomics,2016,54:62-71.

[134] 徐旭初,陈荣. 农民工的智能手机使用行为及其影响因素[J]. 生产力研究,2017(12):51-56.

[135] PAN S,JORDAN-MARSH M. Internet use intention and adoption among Chinese older adults:

from the expanded technology acceptance model perspective [J]. Computers in Human Behavior, 2010, 26 (5): 1111-1119.

[136] DJAMASBI S, STRONG D M, DISHAW M. Affect and acceptance: examining the effects of positive mood on the technology acceptance model [J]. Decision Support Systems, 2010, 48 (2): 383-394.

[137] 罗军波. 适合老年人的智能产品设计研究 [D]. 上海: 华东理工大学, 2016.

[138] 李敏, 王振振, 王立剑. 居家老年人使用养老科技的影响因素分析: 基于北京、南京、咸阳三市的调查 [J]. 人口与发展, 2017, 23 (3): 84-92.

[139] CHEN K, CHAN A H S. Gerontechnology acceptance by elderly Hong Kong Chinese: a senior technology acceptance model (STAM) [J]. Ergonomics, 2014, 57 (5): 635-652.

[140] 瞿林云, 周雨青, 赵馨蕊, 等. 大学生 MOOC 学习的影响因素研究: 基于 UTAUT2 模型 [J]. 湖北第二师范学院学报, 2018, 35 (8): 47-57.

[141] CHIU C J, HU Y H, LIN D C, et al. The attitudes, impact, and learning needs of older adults using apps on touchscreen mobile devices: results from a pilot study [J]. Computers in Human Behavior, 2016, 63 (10): 189-197.

[142] 罗长利, 朱小栋. 基于 TAM/TPB 和感知风险的余额宝使用意愿影响因素实证研究 [J]. 现代情报, 2015, 35 (2): 143-149.

[143] 洪学婷, 张宏梅, 张业臣. Airbnb 平台的使用意愿与使用行为: 对技术接受模型的扩展 [J]. 地域研究与开发, 2021, 40 (4): 91-95.

[144] PRAHALAD C K, RAMASWAMY V. Co-opting customer competence [J]. Harvard Business Review, 2000, 78 (1): 79-87.

[145] VARGO S L, LUSCH R F. Evolving to a new dominant logic for marketing [J]. Journal of Marketing, 2004, 68 (1): 1-17.

[146] 廖民超, 金佳敏, 蒋玉石, 等. 数字平台能力与制造业服务创新绩效: 网络能力和价值共创的链式中介作用 [J]. 科技进步与对策, 2023, 40 (5): 55-63.

[147] ZHANG C, GUO J, WU X, et al. Linking user interaction and new venture growth: the mediating role of new product development [J]. Asian Journal of Technology Innovation, 2018, 26 (2): 146-171.

[148] 张婧, 何勇. 服务主导逻辑导向与资源互动对价值共创的影响研究 [J]. 科研管理, 2014, 35 (1): 115-122.

[149] 王新新, 潘洪涛. 社会网络环境下的体验价值共创: 消费体验研究最新动态 [J]. 外国经济与管理, 2011, 33 (5): 17-24.

[150] 武柏宇, 彭本红. 服务主导逻辑、网络嵌入与网络平台的价值共创: 动态能力的中介作用 [J]. 研究与发展管理, 2018, 30 (1): 138-150.

[151] 陈剑, 黄朔, 刘运辉. 从赋能到使能: 数字化环境下的企业运营管理 [J]. 管理世界,

2020, 36 (2): 117 - 128.

[152] 张涛, 唐敦兵, 张泽群, 等. 面向数字化车间的介入式三维实时监控系统 [J]. 中国机械工程, 2018, 29 (8): 990 - 999.

[153] 向峰, 钟雷, 左颖, 等. 面向工业互联网平台的制造服务可信特征识别方法 [J]. 计算机集成制造系统, 2021, 27 (10): 2762 - 2773.

[154] 陈武, 陈建安, 李燕萍. 工业互联网平台: 内涵、演化与赋能 [J]. 经济管理, 2022, 44 (5): 189 - 208.

[155] 谢卫红, 骆建彬, 郭海珍, 等. 工业互联网平台研究知识结构与拓展方向 [J]. 科技进步与对策, 2021, 38 (22): 151 - 160.

[156] 左文明, 徐梓馨, 黄枫璇, 等. 共享住宿价值共创公民行为下的服务需求研究 [J]. 管理学报, 2023, 20 (2): 249 - 257.

[157] 田虹, 田佳卉, 张亚秋. 顾客参与价值共创、顾客知识转移与企业双元创新 [J]. 科技进步与对策, 2022, 39 (8): 121 - 130.

[158] 高红岩, 周雯, 孟祥茜. 基于顾客心理的价值共创机理研究 [J]. 经济问题, 2022 (4): 21 - 28.

[159] WANG J, XUE Y, YANG J. Boundary-spanning search and firms' green innovation: the moderating role of resource orchestration capability [J]. Business Strategy and the Environment, 2020, 29 (2): 361 - 371.

[160] 张小蒂, 曾可昕. 基于产业链治理的集群外部经济增进研究: 以浙江绍兴纺织集群为例 [J]. 中国工业经济, 2012 (10): 148 - 160.

[161] 王节祥, 陈威如, 江诗松, 等. 平台生态系统中的参与者战略: 互补与依赖关系的解耦 [J]. 管理世界, 2021, 37 (2): 126 - 147.

[162] 贾旭东, 衡量. 扎根理论的"丛林"、过往与进路 [J]. 科研管理, 2020, 41 (5): 151 - 163.

[163] SANDERS D. Control of intracellular pH: predominant role of oxidative metabolism, not proton transport, in the eukaryotic microorganism neurospora [J]. Journal of General Physiology, 1982, 80 (3): 377 - 402.

[164] CORBIN J M, STRAUSS A L. Basics of qualitative research: grounded theory procedures and techniques [M]. Newbury Park, Calif.: Sage Publications, 1990.

[165] 李文博. 集群情景下大学衍生企业创业行为的关键影响因素: 基于扎根理论的探索性研究 [J]. 科学学研究, 2013, 31 (1): 92 - 103.

[166] 张镒, 刘人怀, 陈海权. 商业生态系统中的平台领导力影响因素: 基于扎根理论的探索性研究 [J]. 南开管理评论, 2020, 23 (3): 28 - 38.

[167] BRYKMAN K M, RAVER J L. To speak up effectively or often? the effects of voice quality and voice frequency on peers' and managers' evaluations [J]. Journal of Organizational Behav-

ior, 2021, 42 (4): 504-526.

[168] 贺爱忠, 易婧莹. 虚拟品牌社区类社会互动对价值共创互动行为的影响研究 [J]. 软科学, 2019, 33 (9): 108-112.

[169] BUSSER J A, SHULGA L V. Co-created value: multidimensional scale and nomological network [J]. Tourism Management, 2018, 65 (4): 69-86.

[170] 马鸿佳, 王亚婧, 苏中锋. 数字化转型背景下中小制造企业如何编排资源利用数字机会? 基于资源编排理论的fsQCA研究 [J]. 南开管理评论, 2022: 1-18.

[171] 戚聿东, 杜博, 温馨. 国有企业数字化战略变革: 使命嵌入与模式选择——基于3家中央企业数字化典型实践的案例研究 [J]. 管理世界, 2021, 37 (11): 137-158.

[172] 霍媛媛. 以大数据技术驱动制造业转型升级 [J]. 人民论坛, 2019 (25): 54-55.

[173] 蔡呈伟, 戚聿东. 工业互联网对中国制造业的赋能路径研究 [J]. 当代经济管理, 2021, 43 (12): 40-48.

[174] 卢福财, 陈慧. 工业互联网、企业成长性与价值创造 [J]. 经济管理, 2023, 45 (1): 5-24.

[175] 张振. 工业互联网对中国制造业的赋能路径研究 [J]. 电子元器件与信息技术, 2022, 6 (3): 12-14.

[176] 胡汝银. 从智能制造到经济与社会全方位智能化重塑 [J]. 上海对外经贸大学学报, 2020, 27 (5): 78-90.

[177] 邵占鹏. 工业互联网作用下的结构与权力变迁: 数据作为重要生产资料的视角 [J]. 社会学评论, 2021, 9 (5): 85-104.

[178] 张磊, 王玉洁, 严芸, 等. 基于工业互联网平台的工业机理模型库设计 [J]. 电子技术与软件工程, 2021 (19): 175-177.

[179] 李继庚, 刘焕彬, 洪蒙纳, 等. 中国造纸工业智能化转型升级路径的探讨与实践 [J]. 中国造纸, 2020, 39 (8): 1-13.

[180] 物联研究. 数字化模型是工业PaaS平台的核心 [Z]. 2018.

[181] 李伯虎, 柴旭东, 刘阳, 等. 工业环境下信息通信类技术赋能智能制造研究 [J]. 中国工程科学, 2022, 24 (2): 75-85.

[182] 冯文娜, 马佳琪. 大数据分析能力影响制造企业服务化绩效机理探究 [J]. 中央财经大学学报, 2022 (2): 116-128.

[183] BANDURA A. Social foundation of thought and action: a social cognitive theory [M]. Englewood Cliffs, NJ: Prentice-Hall, 1986.

[184] 张长亮. 信息生态视角下网络社群用户信息共享行为影响因素及效果评价研究 [D]. 长春: 吉林大学, 2019.

[185] 杨姗媛. 信息安全风险分析方法与风险感知实证研究 [D]. 北京: 中央财经大学, 2015.

[186] 刘亚亚,曲婉,冯海红. 中国大数据政策体系演化研究 [J]. 科研管理,2019,40 (5):13-23.

[187] PEIKARI H R. The influence of security statement, technical protection, and privacy on satisfaction and loyalty: a structural equation modeling [J]. Communications in Computer and Information Science, 2010, 12 (92): 223-231.

[188] 李思豫,袁勤俭. UTAUT 及其在信息系统研究中的应用与展望 [J]. 现代情报,2020, 40 (10):168-177.

[189] DEUTSCH M, GERARD H B. A study of normative and informational social influences upon individual judgment [J]. Journal of Abnormal & Social Psychology, 1955, 51 (3): 629-636.

[190] RAGU-NATHAN B S, APIGIAN C H, RAGU-NATHAN T S, et al. A path analytic study of the effect of top management support for information systems performance [J]. Omega, 2004, 32 (6): 459-471.

[191] ARTEMENKO E. The roles of top management in digital transformation [J]. IOP Conference Series Materials Science and Engineering, 2020, 940: 12-14.

[192] LIANG H, SARAF N, HU Q, et al. Assimilation of enterprise systems: the effect of institutional pressures and the mediating role of top management [J]. MIS Quarterly, 2007, 31 (1): 59-87.

[193] 刘炜. 基于扩展 TTF 和 UTAUT 模型的老年用户社会化网络服务采纳行为研究 [J]. 软科学,2015,29 (3):120-124.

[194] 李君,邱君降. 工业互联网平台的演进路径、核心能力建设及应用推广 [J]. 科技管理研究,2019,39 (13):182-186.

[195] 邓程,杨建君,刘瑞佳. 企业间控制机制、知识转移效果与新产品开发速度关系研究 [J]. 科学学与科学技术管理,2020,41 (11):83-97.

[196] 彭珍珍,顾颖,张洁. 动态环境下联盟竞合、治理机制与创新绩效的关系研究 [J]. 管理世界,2020,36 (3):205-220.

[197] FISHBEIN M A I. Belief, attitude, intention and behavior: an introduction to theory and research [M]. New Jersey: Addison-Wesley, 1975.

[198] 刘源,张芳芳,宋志刚,等. 共享经济下货运平台与用户价值共创机理:基于冷链马甲的案例研究 [J]. 管理学刊,2020,33 (3):61-72.

[199] 王永贵,马双. 虚拟品牌社区顾客互动的驱动因素及对顾客满意影响的实证研究 [J]. 管理学报,2013,10 (9):1375-1383.

[200] 左文明,黄枫璇,毕凌燕. 分享经济背景下价值共创行为的影响因素:以网约车为例 [J]. 南开管理评论,2020,23 (5):183-193.

[201] VARGO S L, LUSCH R F. The nature and understanding of value: a service-dominant logic

perspective [J]. Review of Marketing Research, 2012, 9 (2): 1 – 12.

[202] 郭晶晶. 中小企业云会计采纳意愿影响因素研究 [D]. 合肥: 合肥工业大学, 2020.

[203] ASIAEI A, RAHIM N. A multifaceted framework for adoption of cloud computing in malaysian SMEs [J]. Journal of Science and Technology Policy Management, 2019, 10 (3): 708 – 750.

[204] 郑准, 张凡, 王国顺. TOE 框架下制造企业对工业互联网平台的使用意愿研究 [J]. 科技与经济, 2022, 35 (5): 86 – 90.

[205] 吴金艳, 陈琦. 新发展格局下平台经济规范健康发展的现实逻辑与路径思考 [J]. 创新, 2022, 16 (2): 56 – 64.

[206] 卢祖丹. 科研数据开放共享的经济逻辑与制度安排 [J]. 科学学研究, 2022, 40 (9): 1661 – 1667, 1690.

[207] 李立威, 何勤. 没有信任何谈共享? 分享经济中的信任研究述评 [J]. 外国经济与管理, 2018, 40 (6): 141 – 152.

[208] 徐永顺. 建筑行业区块链技术的采纳与扩散研究 [D]. 长春: 吉林大学, 2021.

[209] YANG R, WAKEFIELD R, LYU S, et al. Public and private blockchain in construction business process and information integration [J]. Automation in Construction, 2020, 118.

[210] 吴亮, 邵培基, 盛旭东, 等. 基于改进型技术接受模型的物联网服务采纳实证研究 [J]. 管理评论, 2012, 24 (3): 66 – 74.

[211] BAGOZZI R P, WARSHAW P R. An examination of the etiology of the attitude-behavior relation for goal-directed behaviors [J]. Multivariate Behavioral Research, 1992, 27 (4): 601.

[212] SCHULTZ R, L S D P. Implementation and organizational validity: An empirical investigation [J]. Management Science, 1975, 9 (12): 153 – 182.

[213] 王傅强. 基于物联网技术的供应链新型管理模式研究 [D]. 长沙: 中南大学, 2012.

[214] 万晓霞, 焦智伟, 刘名轩, 等. 工业互联网应用综述 [J]. 数字印刷, 2021 (2): 1 – 26.

[215] PUTRA A R S, PEDERSEN S M. Biogas technology diffusion among farmers through rural communication network: a case from indonesia [J]. Journal of Rural and Community Development, 2018, 13 (4): 107 – 117.

[216] 朱亚飞. 基于 UTAUT 模型的 BIM 技术采纳影响因素研究 [D]. 沈阳: 沈阳建筑大学, 2021.

[217] JUNE, LU, CHUN-SHENG, et al. Personal innovativeness, social influences and adoption of wireless Internet services via mobile technology [J]. Operations Research, 2007, 47 (3): 341 – 342.

[218] WANG Y M, WANG Y S, YANG Y F. Understanding the determinants of RFID adoption in the manufacturing industry [J]. Technological Forecasting & Social Change, 2010, 77 (5):

803-815.

[219] 张新, 徐瑶玉, 马良. 中小企业数字化转型影响因素的组态效应研究 [J]. 经济与管理评论, 2022, 38 (1): 92-102.

[220] ALSHAMAILA Y, PAPAGIANNIDIS S, LI F. Cloud computing adoption by SMEs in the north east of England [J]. Journal of Enterprise Information Management, 2013, 26 (3): 250-275.

[221] SUN S, HALL D J, CEGIELSKI C G. Organizational intention to adopt big data in the B2B context: An integrated view [J]. Industrial Marketing Management, 2019, 86 (3).

[222] 苏婉, 毕新华, 王磊. 基于 UTAUT 理论的物联网用户接受模型研究 [J]. 情报科学, 2013, 31 (5): 128-132.

[223] WALRAVE M, WAETERLOOS C, PONNET K. Ready or not for contact tracing? investigating the adoption intention of COVID-19 contact-tracing technology using an extended unified theory of acceptance and use of technology model [J]. Cyberpsychology, Behavior, and Social Networking, 2020, 23 (10): 377-383.

[224] 张长亮, 李竞彤, 郭宇. 网络社群用户信息共享行为影响因素研究 [J]. 情报科学, 2020, 38 (2): 39-46.

[225] 贾亚红. 互联网金融信息技术风险及对策研究 [J]. 经济师, 2015 (9): 175.

[226] 金帅岐, 李贺, 沈旺, 等. 用户健康信息搜寻行为的影响因素研究: 基于社会认知理论三元交互模型 [J]. 情报科学, 2020, 38 (6): 53-61.

[227] 陈岚. 基于 MOA 理论的 MOOCs 平台学习者参与行为影响因素研究 [J]. 现代情报, 2017, 37 (5): 125-131.

[228] 刘慧悦, 阎敏君. 移动短视频使用对旅游者行为意愿的影响研究 [J]. 旅游学刊, 2021, 36 (10): 62-73.

[229] 朱春奎, 童佩珊, 陈彦桦. 基于 TAM 和 BRA 整合模型的政府数据开放意愿与行为研究 [J]. 山东大学学报 (哲学社会科学版), 2022 (2): 68-78.

[230] 李惠敏, 郭青霞, 丁一, 等. 基于 TAM 框架的农户土地流转行为影响因素研究: 基于山西省欠发达地区 5307 份农户样本 [J]. 干旱区资源与环境, 2023, 37 (3): 17-24.

[231] KIM M K, CHENG J, SOHN H, et al. A framework for dimensional and surface quality assessment of precast concrete elements using BIM and 3D laser scanning [J]. Automation in Construction, 2015, 49: 225-238.

[232] 杨姗. 平台生态系统中互补者生态位对数字创新的影响研究 [D]. 长春: 吉林大学, 2022.

[233] 吴士健, 刘国欣, 权英. 基于 UTAUT 模型的学术虚拟社区知识共享行为研究: 感知知识优势的调节作用 [J]. 现代情报, 2019, 39 (6): 48-58.

[234] 赵敏. 工业互联网平台的六个支撑要素：解读《工业互联网平台白皮书》[J]. 中国机械工程, 2018, 29 (8)：1000-1007.

[235] ANIL G, NIKITA D. Tourist adoption of mapping apps：a UTAUT2 perspective of smart travellers [J]. Tourism & Hospitality Management, 2017, 23 (2)：145-161.

[236] 刘文霞, 王永贵, 赵宏文. 合作治理机制对服务外包供应商创新能力的影响机理研究：基于在华服务外包企业的实证分析 [J]. 北京工商大学学报（社会科学版）, 2014, 29 (3)：65-72.

[237] LUMINEAU F, HENDERSON J E. The influence of relational experience and contractual governance on the negotiation strategy in buyer-supplier disputes [J]. Journal of Operations Management, 2012, 30 (5)：382-395.

[238] 薛佳奇, 张竹. 克服社会资本对营销渠道的消极作用：控制机制和吸收能力的调节作用 [J]. 管理评论, 2021, 33 (6)：167-180.

[239] 胡登峰, 黄紫微, 冯楠, 等. 关键核心技术突破与国产替代路径及机制：科大讯飞智能语音技术纵向案例研究 [J]. 管理世界, 2022, 38 (5)：188-209.

[240] 黄梦思, 孙剑, 曾晶. "农业龙头企业+农户"营销渠道：契约功能、伙伴合作与交易绩效 [J]. 南京农业大学学报（社会科学版）, 2017, 17 (5)：121-131.

[241] RINDFLEISCH A, HEIDE J B. Transaction cost analysis：past, present, and future applications [J]. Journal of Marketing, 1997, 61 (2)：30-54.

[242] HOETKER G P, MELLEWIGT T. Choice and performance of governance mechanisms：matching alliance governance to asset type [J]. Strategic Management Journal, 2008, 30 (10)：1025-1044.

[243] 单子丹, 韩姣, 门丽双, 等. 数智化背景下基于本体驱动的工业互联网平台信息融合研究 [J]. 情报理论与实践, 2023, 46 (4)：167-175.

[244] 甄杰, 谢宗晓, 林润辉. 治理机制、制度化与企业信息安全绩效 [J]. 工业工程与管理, 2018, 23 (3)：171-176.

[245] 甄杰, 谢宗晓, 李康宏, 等. 信息安全治理与企业绩效：一个被调节的中介作用模型 [J]. 南开管理评论, 2020, 23 (1)：158-168.

[246] 杜勇, 曹磊, 谭畅. 平台化如何助力制造企业跨越转型升级的数字鸿沟？基于宗申集团的探索性案例研究 [J]. 管理世界, 2022, 38 (6)：117-139.

[247] 苏中锋. 合作研发的控制机制与机会主义行为 [J]. 科学学研究, 2019, 37 (1)：112-120.

[248] 张可法. 共享价值视域下数据交易与法律规制 [J]. 西北民族大学学报（哲学社会科学版）, 2022 (4)：65-75.

[249] AJZEN I, FISHBEIN M. The prediction of behavior from attitudinal and normative variables [J]. Journal of Experimental Social Psychology, 1980, 6 (4)：466-487.

[250] DRNEVICH P L, CROSON D C. Information technology and business-level strategy: toward an integrated theoretical perspective [J]. MIS Quarterly, 2013, 37 (2): 483-510.

[251] WEN J, NASIR M H, YOUSAF Z, et al. Innovation performance in digital economy: does digital platform capability, improvisation capability and organizational readiness really matter? [J]. European Journal of Innovation Management, 2021, 8 (2): 1060-1460.

[252] 波特. 竞争优势 [M]. 北京: 华夏出版社, 2005.

[253] 解学梅, 王宏伟. 开放式创新生态系统价值共创模式与机制研究 [J]. 科学学研究, 2020, 38 (5): 912-924.

[254] FITZPATRICK M, DAVEY J, MULLER L, et al. Value-creating assets in tourism management: applying marketing's service-dominant logic in the hotel industry [J]. Tourism Management, 2013, 36 (6): 86-98.

[255] PAYNE A, STORBACKA K, FROW P, et al. Co-creating brands: diagnosing and designing the relationship experience [J]. Journal of Business Research, 2009, 62 (3): 379-389.

[256] 胡青. 企业数字化转型的机制与绩效 [J]. 浙江学刊, 2020 (2): 146-154.

[257] 厉娜, 林润辉, 谢在阳. 多重网络嵌入下企业探索式创新影响机制研究 [J]. 科学学研究, 2020, 38 (1): 169-179.

[258] SALDANHA T, MITHAS S, KRISHNAN M S. Leveraging customer involvement for fueling innovation: the role of relational and analytical information processing capabilities [J]. MIS Quarterly, 2017 (1): 367-396.

[259] VIDGEN R, SHAW S, GRANT D B. Management challenges in creating value from business analytics [J]. European Journal of Operational Research, 2017, 261 (2): 626-639.

[260] ARDOLINO M, RAPACCINI M, SACCANI N, et al. The role of digital technologies for the service transformation of industrial companies [J]. International Journal of Production Research, 2017, 56 (6): 2116-2132.

[261] 冯芷艳, 郭迅华, 曾大军, 等. 大数据背景下商务管理研究若干前沿课题 [J]. 管理科学学报, 2013, 16 (1): 1-9.

[262] GUPTA S, DRAVE V A, DWIVEDI Y K, et al. Achieving superior organizational performance via big data predictive analytics: a dynamic capability view [J]. Industrial Marketing Management, 2019, 90 (3): 218-231.

[263] 卢艳秋, 宋昶, 王向阳. 基于工业互联网平台的企业间知识复用研究 [J]. 情报科学, 2022, 40 (2): 141-147.

[264] 牛振邦, 白长虹, 张辉, 等. 浅层互动能否激发顾客价值共创意愿: 基于品牌体验和价值主张契合的混合效应模型 [J]. 科学学与科学技术管理, 2015, 36 (11): 112-123.

[265] 邵明星. 企业用户云服务采纳及融合行为研究 [D]. 北京: 北京理工大学, 2015.

[266] THOMPSON R L, HOWELL H. Personal computing: toward a conceptual model of utilization [J]. MIS Quarterly, 1991, 15 (1): 125-143.

[267] MOORE G C, BENBASAT I. Development of an instrument to measure the perceptions of adopting an information technology innovation [J]. Information Systems Research, 1991, 2 (3): 192-222.

[268] 杨华. 基于消费者视角的互联网保险接受机制研究 [D]. 西安: 西北大学, 2021.

[269] 邬文兵, 李爽, 项竹青, 等. 司机对共享物流平台的持续使用意愿研究: TAM 模型的实证分析 [J]. 经济管理, 2019, 41 (10): 178-193.

[270] 徐若然. UGC 类智慧旅游服务平台用户使用行为探究: 基于 UTAUT 模型 [J]. 经济与管理研究, 2021, 42 (6): 93-105.

[271] 谢卫红, 李忠顺, 苏芳, 等. 高管支持、大数据能力与商业模式创新 [J]. 研究与发展管理, 2018, 30 (4): 152-162.

[272] VENKATESH V, THONG J, XIN X. Consumer acceptance and use of information technology: extending the unified theory of acceptance and use of technology [J]. MIS Quarterly, 2012, 36 (1): 157-178.

[273] 王超, 顾小清. OMO 教学的推进: 以中小学生在线学习参与意愿为切入点突破在线教学困境: 基于技术接受模型的实证研究 [J]. 现代教育技术, 2022, 32 (2): 72-80.

[274] GEORGE G, OSINGA E C, LAVIE D, et al. Big data and data science methods for management research [J]. Academy of Management Journal, 2016, 59 (5): 1493-1507.

[275] 钱锋, 钟伟民, 杜文莉. 流程工业智能优化制造的基础理论与关键技术 [J]. Engineering, 2017, 3 (2): 14-27.

[276] 李君, 周勇, 邱君降, 等. 制造企业工业互联网平台应用水平与绩效评价体系构建与实践 [J]. 计算机集成制造系统, 2021, 27 (7): 1843-1859.

[277] 王鑫, 刘克春, 曾经纬. 大数据能力如何促进企业转型升级: 技术创新与商业模式创新的多重中介模型 [J]. 当代财经, 2022 (7): 76-86.

[278] HILL G B M A. Measuring performance in entrepreneurship research [J]. Journal of Business Research, 1996, 36 (1): 15-23.

[279] 邓程, 杨建君, 刘瑞佳. 企业间控制机制、知识转移效果与新产品开发速度关系研究 [J]. 科学学与科学技术管理, 2020, 41 (11): 83-97.

[280] 张运华, 王美琳, 吴洁. 产学研合作中关系规范控制对知识流动绩效的影响: 分配公平的中介作用与契约控制的调节作用 [J]. 科技进步与对策, 2017, 34 (3): 128-133.

[281] 李晓光, 郝生跃, 任旭. 契约治理影响 PPP 项目公司控制权配置研究: 基于信任的前因和中介作用 [J]. 中央财经大学学报, 2018 (7): 115-128.

[282] 李晓光, 郝生跃, 任旭. 契约治理对 PPP 项目控制权影响研究: 基于结构方程的分析

[J]. 新疆大学学报（哲学·人文社会科学版），2018，46（2）：9-16.

[283] MACCALLUM R C, WIDAMAN K F, ZHANG S, et al. Sample size in factor analysis [J]. Psychological Methods, 1999, 4 (1): 84-99.

[284] 武松. SPSS 实战与统计思维 [M]. 北京：清华大学出版社，2019.

[285] 周俊. 问卷数据分析破解 SPSS 的六类分析思路 [M]. 北京：电子工业出版社，2017.

[286] 杨林，和欣，顾红芳. 高管团队经验、动态能力与企业战略突变：管理自主权的调节效应 [J]. 管理世界，2020，36（6）：168-188.

[287] 余玲玲. 工作中过度使用社交媒体对个人工作绩效的影响研究 [D]. 北京：中国科学技术大学，2021.

[288] 赵艺璇，成琼文. 知识网络嵌入、知识重组与企业中心型创新生态系统价值共创 [J]. 经济与管理研究，2021，42（10）：88-107.

[289] 杨淑雅，杨梅，李虹，等. 职务犯罪侦查领域胜任特征对工作绩效的影响机制研究：基于知识共享与信任的调节作用 [J]. 管理评论，2022，34（12）：241-250.

[290] 于飞，袁胜军，胡泽民，等. 网络密度、高管注意力配置与制造企业服务创新：知识基础的调节作用 [J]. 管理评论，2022，34（10）：158-169.

[291] 徐伟. 工业互联网赋能先进制造业企业转型影响因素：基于山东省先进制造业企业的研究 [J]. 济南大学学报（社会科学版），2022，32（5）：94-107.

[292] 周勇，李君，张旭，等. 工业互联网平台应用实施关键方法研究与发展对策建议 [J]. 科技管理研究，2022，42（9）：174-182.

[293] 车靖宇. 工业互联网平台使用意愿和提升策略研究 [D]. 长沙：中南林业科技大学，2022.

[294] 王晨，宋亮，李少昆. 工业互联网平台：发展趋势与挑战 [J]. 中国工程科学，2018，20（2）：15-19.

[295] 吕文晶，陈劲，刘进. 工业互联网的智能制造模式与企业平台建设：基于海尔集团的案例研究 [J]. 中国软科学，2019（7）：1-13.

[296] KIEL D, ARNOLD C, VOIGT K I. The influence of the industrial internet of things on business models of established manufacturing companies: a business level perspective [J]. Technovation, 2017, 68 (12): 4-19.

[297] 杨仲基，綦良群. 国外数字创新研究评述及对我国制造企业数字化转型的启示 [J]. 科学管理研究，2021，39（4）：120-124.

[298] ARNOLD C, KIEL D, VOIGT K I. How the industrial internet of things changes business models in different manufacturing industries [J]. International Journal of Innovation Management, 2016, 20 (8): 5-35.

[299] 杨路明，张惠恒，许文东. 服务主导逻辑下价值共创影响研究：平台能力的中介作用 [J]. 云南财经大学学报，2020，36（5）：76-91.

[300] 金珺,李诗婧,黄亮彬. 传统制造业企业数字化转型影响因素研究 [J]. 创新科技, 2020, 20 (6): 22-34.

[301] 封伟毅. 数字经济背景下制造业数字化转型路径与对策 [J]. 当代经济研究, 2021 (4): 105-112.

[302] 魏津瑜,马骏. 数据治理视角下的工业互联网发展对策研究 [J]. 科学管理研究, 2020, 38 (6): 58-63.

[303] 李兰,董小英,彭泗清,等. 企业家在数字化转型中的战略选择与实践推进: 2022·中国企业家成长与发展专题调查报告 [J]. 南开管理评论, 2022, 25 (5): 191-204.

[304] XIAO X, TIAN Q, MAO H. How the interaction of big data analytics capabilities and digital platform capabilities affects service innovation: a dynamic capabilities view [J]. IEEE Access, 2020, 8 (99): 18778-18796.

[305] CEIPEK R, PETRUZZELLI A M, MASSIS A D, et al. A motivation and ability perspective on engagement in emerging digital technologies: the case of internet of things solutions [J]. Long Range Planning, 2020, 12 (3): 56-72.

[306] VIAL G. Understanding digital transformation: a review and a research agenda [J]. The Journal of Strategic Information Systems, 2019, 28 (2): 118-144.

附录1 访谈提纲

1. 贵企业主要提供哪些服务？这些服务是定制化的居多，还是标准化的居多？

2. 用户使用平台前最关注什么问题，是信息安全，还是企业安全保障，抑或企业能获得什么？

3. 用户使用平台后有哪些担忧？你们是如何打消其疑虑的？

4. 是否需要用户提供数据/相关工艺参数等？若需要，为什么需要？用户会积极配合吗？

5. 贵企业是否经常就服务与用户沟通？若有，用户是否积极表达自己的见解？主要有哪些见解？用户间会沟通吗？若有，涉及哪些问题？

6. 贵企业与用户的技术人员等沟通时主要谈论哪些内容？

7. 您认为阻碍用户使用平台或服务商提供的系统的障碍主要有哪些？

8. 贵企业希望和用户在哪些方面进行积极的互动？为什么？在互动方面，存在哪些困难？

9. 贵企业通常采取哪些措施引导用户进行积极的互动？目前面临什么困难？

10. 用户使用平台后会经常就哪些问题进行沟通？

11. 请详细介绍一下贵企业的服务能给用户带来哪些好处（如降本增效、建立社会关系等）？

12. 用户希望通过平台拓展哪些方面的收益？

13. 用户希望通过平台提升哪些方面的能力？

14. 用户是如何通过贵企业的服务或系统实现其目标的？

15. 贵企业在使用服务商提供的服务时最担忧哪些问题（如数据是否会泄露、平台是不是好用）？

16. 您认为贵企业之所以决定使用平台或服务商提供的系统，谁起到的作用最大？为什么？

17. 您认为贵企业使用平台或服务商的系统，最大的障碍是什么？贵企业是否已具备使用平台的基础？

18. 哪些因素推动了贵企业使用平台或服务商提供的系统？

19. 为了获得定制化服务，服务商需要贵企业提供哪些协助？贵企业如何看待这些协助需求？

20. 贵企业是从哪些方面通过定制化服务实现自己的需求目标的（比如如何实现降本增效）？

21. 在定制化服务设计过程中，贵企业和服务商会有哪些互动？

22. 政府部门是否出台了相关政策支持或提供资金补贴贵企业使用平台？如果有，您怎么看待这样的政策？

23. 贵企业的硬件设施对于使用平台有哪些帮助或影响？硬件设施是否影响贵企业使用平台的决策？

24. 平台/系统操作的难易程度对贵企业是否使用平台的影响有多大？

附录2　调查问卷

尊敬的先生/女士：

您好！

感谢您抽出宝贵时间填写这份问卷。我们是广东工业大学管理学院的博士研究生，本次调查是为了调研制造业企业应用工业互联网平台的相关情况。您的答案对我们非常重要，问题选项没有对错之分，只需填写您的真实情况且完整回答。我们郑重承诺将对所有调研数据保密，且仅用于本次学术研究。

本问卷包括两个部分：第一部分为基本情况填写，请您根据企业或自身的实际情况选择相应的选项；第二部分为量表填写，请您根据所在企业的实际情况对问卷内容做出真实评价，"1"是"完全不符合"，数值依次递增，"5"是"完全符合"。请您仔细阅读下面每个问题，在对应的选项上划"√"。最后，对您的合作再次表示感谢！

第一部分　基本情况

1. 贵公司的名称：＿＿＿＿＿＿＿
2. 贵公司是否正在使用工业互联网平台？
   □是　　□否
3. 贵公司成立的年限？
   ①1年内　　②1～3年　　③3～5年　　④5～10年　　⑤10年以上
4. 贵公司的在职人数（单位：人）：
   ①100人以下　②101～200　③201～500　④501～1000　⑤1000人以上
5. 贵公司的性质：
   ①国有企业　②民营企业　③中外合资企业　④外商独资企业　⑤其他
6. 您所担任部门职务是：
   ①企业高层管理人员　　　　②职能部门高层管理人员
   ③职能部门中层管理人员　　④职能部门基层管理人员
   ⑤其他

第二部分 量表

变量	序号	测量题项	完全不符合→完全符合				
			1	2	3	4	5
感知数据保护技术有用性	1	使用的工业互联网平台提供了一系列技术保护本企业的数据安全					
	2	我们相信工业互联网平台提供的数据保护技术是安全的					
	3	我们相信工业互联网平台提供的数据保护技术是可信的					
	4	从技术层面讲,我们相信第三方很难通过非法手段获取本企业的数据					
感知数字化模型易用性	1	工业互联网平台操作起来很简单					
	2	掌握如何操作工业互联网平台是很轻松的事					
	3	熟练掌握如何操作工业互联网平台是很容易的事					
感知数字化模型有用性	1	对本企业来说,工业互联网平台可以满足各业务的需求					
	2	对本企业来说,工业互联网平台对提高工作效率很有帮助					
	3	对本企业来说,工业互联网平台对企业决策很有帮助					
	4	对本企业来说,工业互联网平台非常实用					
社会影响	1	政府对使用工业互联网平台的企业会给予政策支持					
	2	越来越多同行企业开始使用工业互联网平台					
	3	合作企业开始使用工业互联网平台					
	4	新闻媒体、专家学者等会宣传工业互联网平台					
高管支持	1	高管相信工业互联网平台给本企业带来显著收益的可能性很大					
	2	高管相信工业互联网平台能为本企业创造更广阔的发展空间					
	3	高管相信本企业有必要利用工业互联网平台开展业务活动					

续表

变量	序号	测量题项	完全不符合→完全符合				
			1	2	3	4	5
高管支持	4	高管会积极地对本企业使用工业互联网平台的前景进行阐述					
	5	高管会积极地参与工业互联网平台项目的实施决策					
	6	高管会积极建立目标和标准以监督工业互联网平台项目的实施					
	7	高管会积极地为本企业采用工业互联网平台制订战略规划					
便利条件	1	本企业具有使用工业互联网平台所需的资金投入					
	2	本企业具有使用工业互联网平台所需的专业人才					
	3	本企业具有使用工业互联网平台所需的IT资源					
	4	当使用工业互联网平台存在困难时能够获得平台提供商的帮助					
	5	工业互联网平台与本企业使用的其他系统是兼容的					
契约控制	1	本企业与工业互联网平台签订的合同详细规定了合同的终止和解散条款					
	2	本企业与工业互联网平台签订的合同详细规定了违约后的处罚条款					
	3	本企业与工业互联网平台签订的合同详细规定了一方保留对另一方合作相关记录进行审计的权利					
	4	本企业与工业互联网平台签订的合同详细说明了争议仲裁办法					
	5	本企业与工业互联网平台签订的合同详细规定了法律诉讼规定					
	6	本企业与工业互联网平台签订的合同详细规定了私有数据的限制使用条款（合同终止后仍然有效）					
价值共创意愿	1	我们愿意使用工业互联网平台					
	2	未来我们会继续使用工业互联网平台					
	3	我们愿意向合作企业推荐工业互联网平台					

续表

变量	序号	测量题项	完全不符合→完全符合				
			1	2	3	4	5
数字能力共建	1	借助工业互联网平台，本企业具备从海量数据中分离出有价值的信息的能力					
	2	借助工业互联网平台，本企业具备从海量数据中发现潜在的、有用的知识的能力					
	3	借助工业互联网平台，本企业具备处理海量数据的能力					
	4	借助工业互联网平台，本企业具备对工业原理、知识、经验等进行数字化和规范化管理的能力					
	5	借助工业互联网平台，本企业具备对工业原理、知识、经验等进行模型化、软件化的能力					
	6	借助工业互联网平台，本企业具备将设备运行机理、产品服务模型、业务逻辑等构建为工业微组件、微服务的能力					
方案共同设计	1	当我们与平台提供商之间有不同意见时会采取对话的方式解决					
	2	我们会与平台提供商就工业互联网平台解决方案的设计进行交流					
	3	我们与平台提供商的沟通是开放和良好的					
	4	我们会与平台提供商围绕工业互联网平台解决方案的设计进行定时或不定时的意见交换					
	5	我们会积极提供工业互联网平台解决方案设计所需的数据信息					
	6	我们会介绍工艺、生产/业务流程等知识来协助工业互联网平台解决方案的设计					
	7	我们会提供数据协助工业互联网平台解决方案的设计					
市场绩效	1	使用工业互联网平台后，本企业更能吸引新客户					
	2	使用工业互联网平台后，本企业开拓了新市场					
	3	使用工业互联网平台后，本企业获取了更多的市场份额					

续表

变量	序号	测量题项	完全不符合→完全符合				
			1	2	3	4	5
财务绩效	1	使用工业互联网平台后，本企业盈利能力得到提高					
	2	使用工业互联网平台后，本企业成本效率得到提高					
	3	使用工业互联网平台后，本企业总销售额得到提高					
	4	使用工业互联网平台后，本企业利润率得到提高					
创新绩效	1	使用工业互联网平台后，本企业推出新产品或新服务的频率提升					
	2	使用工业互联网平台后，本企业开发新产品或新服务的成功率增大					
	3	使用工业互联网平台后，本企业申请的专利增加					
	4	使用工业互联网平台后，本企业积极运用新的生产流程以提高产品质量及降低成本					
	5	使用工业互联网平台后，本企业创新研发周期明显缩短					